Adrian Plass
Heiliger Schein

ADRIAN PLASS

Heiliger Schein!

Geheimwissen
für Gemeindeprofis

Aus dem Englischen
von Christian Rendel

Brendow.
VERLAG + MEDIEN

Bibliografische Information Der Deutschen Nationalbibliothek
Die Deutsche Nationalbibliothek verzeichnet diese Publikation in der
Deutschen Nationalbibliografie; detaillierte bibliografische Daten
sind im Internet über www.d-nb.de abrufbar.

ISBN 978-3-86506-269-7
© 2009 by Joh. Brendow & Sohn Verlag GmbH, Moers
Originaltitel: Looking Good Being Bad: The Gentle
Art of Churchmanship
First published 2009 by Authentic Media, IBS-STL U.K.
© 2009 by Adrian Plass
Illustrationen von Anna Danby
Einbandgestaltung: Brendow Verlag, Moers
Titelfoto: Colourbox
Satz: Satzstudio Winkens, Wegberg
Druck und Bindung: CPI – Clausen & Bosse, Leck
Printed in Germany

www.brendow-verlag.de

Inhalt

Einleitung 7

Prolog 9

Erster Teil:
Die hohe Kunst des Gebetslebens 15

Zweiter Teil:
Die hohe Kunst der effektiven Kommunikation 31

Dritter Teil:
Stars in der Welt der Gemeindelebenskunst 65

Vierter Teil:
Die hohe Kunst des Anglikanertums 92

Fünfter Teil:
Die hohe Kunst der Wochenendfreizeit 103

Sechster Teil:
Die hohe Kunst des Schrittetuns 114

Siebter Teil:
Die hohe Kunst des Ablenkens 128

Achter Teil:
Westentaschentheologie 156

Neunter Teil:
Gemeindelebenskunst und die Bibel 165

Zehnter Teil:
Technische Neuerungen 183

Elfter Teil:
Die hohe Kunst der Prominenz 189

Zwölfter Teil:
Aufrichtigkeit und Gemeindelebenskunst 195

Dreizehnter Teil:
Pendelmanöver 200

Vierzehnter Teil:
Die hohe Kunst des Aus-der-Fassung-Bringens 212

Fünfzehnter Teil:
Die hohe Kunst, ein fröhlicher Geber zu sein 245

Sechzehnter Teil:
Leserfragen, ausgewählt, bearbeitet und beantwortet
von Professor Peter Caws 253

Einleitung

Ich möchte mich bei allen bedanken, die Vorschläge für dieses Buch gemacht haben. Es sind zu viele, um sie alle hier zu nennen; ich würde nur jemanden vergessen. Besonderen Dank schulde ich den *Lifemanship*-Büchern von Stephen Potter, die in den späten 1940er- und frühen 1950er-Jahren erschienen. Mit ihrer faszinierenden und witzigen Art haben sie nicht nur den besonderen Stil dieses Buches, sondern vieles von dem inspiriert, was ich in den letzten zwanzig Jahren zu Papier gebracht habe. Ich hoffe und vermute, Potter würde mir zustimmen, wenn ich sage, dass Humor nichts Lächerliches ist. Man muss ihn sehr ernst nehmen, besonders wenn man Leute gleichzeitig zum Lachen und zum Nachdenken anregen möchte. Ich hoffe, *Heiliger Schein* macht Ihnen Spaß. Kehren Sie es von innen nach außen, und Sie werden sehen, wie sehr ich die Gemeinde liebe.

Prolog

Die ganze Sache war sehr eigenartig. Geradezu unheimlich.

Eines späten Abends fuhr mich mein Freund Jake von Lancaster nach Salisbury. Ein kleines Stück südlich von Worcester waren wir beide am Ende unserer Kräfte und beschlossen, rechts hinaus auf einen Parkplatz an der A38 zu fahren und ein Nickerchen zu machen. Als ich aufwachte, waren wir schon wieder in Bewegung, doch irgendwo unterwegs musste Jake falsch abgebogen sein. Auf einem Wegweiser las ich, dass wir auf einen Ort namens Great Malvern zusteuerten. Jake gähnte immer noch vor Müdigkeit, doch er fuhr rechts heran und hielt, als ich ihn darauf hinwies, dass wir wahrscheinlich in die falsche Richtung fuhren.

»Fragen wir jemanden«, sagte er. »Frag du. Steig aus und frag jemanden.«

»Schön und gut«, wandte ich ein, »aber wen denn? Wo? Es ist doch schon so spät.«

»Versuch's mal in dieser Einfahrt dort«, sagte er, rekelte sich auf seinem Sitz zurecht und schloss die Augen.

Ich gehorchte. Die Einfahrt, auf die Jake mit einer kurzen Daumenbewegung gedeutet hatte, schlängelte sich von der Hauptstraße aus zwischen herrlichen Kastanienbäumen entlang, bis sie sich vor einem viktorianischen Klinkerhaus von beeindruckenden Ausmaßen zu einem geräumigen, gekiesten Parkplatz verbreiterte. Durch das unverhangene Fenster eines hell erleuchteten Zimmers links der Haustür sah ich einen Mann an einem Schreibtisch arbeiten. Ich beschloss, mein Glück zu versuchen. Während ich ziemlich nervös mit bloßen Knöcheln an die massive Tür klopfte, bemerkte ich an der Seite des Säulenvorbaus ein in Holz gerahmtes Schild mit der Aufschrift:

SITUS USUSFRUCTUM ADDIT

Ich verfüge über keinerlei Lateinkenntnisse, doch später sollte ich, wie Sie noch entdecken werden, die Bedeutung dieser Worte erfahren.

Schon nach wenigen Sekunden öffnete mir ein hochgewachsener, gut aussehender Mann, blond und vollkommen weiß gekleidet. Seine Begrüßung, vorgetragen in gemessenem, sanftem Tonfall, klang verbindlich und gelassen.

»Kann ich Ihnen behilflich sein? Mein Name ist Professor Peter Caws. Ich bin der Leiter des Instituts für Gemeindelebenskunst, das hier sein Hauptquartier hat.«

Etwas nervös erklärte ich ihm, wir seien auf dem Weg nach Salisbury und hätten wohl einen Abzweig verpasst. Jetzt seien wir in Richtung Great Malvern geraten.

»Ganz einfach«, erwiderte er. »Wenden Sie, fahren Sie zurück durch die Dörfer Bowling Green und Powick, bis Sie zum Kreisverkehr kommen. Dort biegen Sie rechts ab auf die A44, dann am nächsten Kreisverkehr wieder rechts und auf der A38 nach Süden.«

»Herzlichen Dank«, sagte ich, »und entschuldigen Sie bitte die späte Störung.« Im Begriff, mich umzudrehen, hielt ich noch einmal inne. »Übrigens, was ist eigentlich das – nun, das Institut für Gemeindelebenskunst?«

Der Mann hob elegant eine Augenbraue.

»Wir pflegen auf übertriebene Eigenwerbung zu verzichten«, sagte er, »aber ich gebe Ihnen gerne ein Exemplar unseres aktuellen Jahresberichts mit, wenn Sie interessiert sind. Er ist gerade heute Morgen frisch aus der Druckerei gekommen.«

Er verschwand und erschien wenige Sekunden später mit einem dicken broschierten Buch.

»Bitte sehr. Vielleicht wäre ja einer unserer Kurse für Sie interessant.«

»Ich besuche sehr ungern Kurse.«

»Interessant. Wir haben einen zweiwöchigen Grundlagenkurs speziell für Leute, die nicht gern Kurse besuchen.«

»Ja, nun, ich muss dann mal los. Nochmals vielen Dank.«

Plötzlich, von einer unerklärlichen Angst befallen, machte ich auf dem Absatz kehrt und floh in die Nacht und die Einfahrt hinunter. Minuten später saß ich wieder in Jakes Auto auf dem Beifahrersitz und hatte den Jahresbericht achtlos nach hinten geworfen. Getreu den Anweisungen des Professors wendeten wir und machten uns auf den Weg zu dem Kreisverkehr, der uns wieder in die richtige Richtung bringen würde.

Bald darauf muss ich tief eingeschlafen sein. Als ich wieder erwachte, stand der Wagen, und Jake schlief neben mir. Das völlig Verblüffende daran war, dass wir uns genau an derselben Stelle an der A38 zu befinden schienen, an der wir schon zuvor für ein Nickerchen gehalten hatten. Aber das konnte doch sicherlich nicht sein.

War etwa alles nur ein Traum gewesen? So musste es wohl sein, doch etwas hielt mich davon ab, Jake davon zu erzählen. Überhaupt sagte ich bis Salisbury kaum noch ein Wort. Erst als Jake mich zwei Tage später zu Hause absetzte und mir nachrief: »Vergiss dein Buch nicht!«, wurde mir klar, dass Professor Caws' Bericht, ob nun Traum oder nicht, seit zwei Tagen hinten im Fußraum des Autos gelegen hatte.

Inzwischen hatte ich Gelegenheit, ihn zu lesen. Sie haben ihn vor sich. Er ist ein höchst außergewöhnliches Dokument. Ich habe mich oft gefragt, wieso es ein so mühseliges Handwerk ist, in der christlichen Gemeinde zu irgendwelchen Fortschritten zu kommen. Kann es tatsächlich sein, dass es eine Organisation von Leuten gibt, deren ausdrückliches Ziel es ist, zu – nun, lesen Sie den Bericht und machen Sie sich Ihr eigenes Bild.

Übrigens habe ich versucht, eine Telefonnummer oder irgendwelche anderen Adressinformationen über das Institut für Gemeindelebenskunst ausfindig zu machen, aber es ist mir nicht gelungen. Wie Sie dem Bericht entnehmen werden, hat Professor Caws eine Adresse für das Einsenden seiner Fragebögen angegeben, aber wie ich entdeckt habe, gibt es diese Adresse überhaupt nicht. Vielleicht fahre ich eines Tages noch einmal nach Great Malvern und suche nach der Kastanienallee und dem großen Haus, aber ich habe den mehr als nur leisen Verdacht, dass ich sie nicht vorfinden werde.

Wer ist Peter Caws? Ich habe keine Ahnung, aber der Name geht mir ständig im Kopf herum. Es ist, als ob irgendetwas daran mich an eine ganz andere Person erinnert. Immer wieder denke ich, jetzt habe ich es, aber dann ist es wieder weg. Ich komme einfach nicht darauf ...

Prolog 13

HEILIGER SCHEIN
Die subtile Kunst, in der Gemeinde gut dazustehen
Jahresbericht für 2009
von Professor Peter Caws

Es ist mir als Leiter des Instituts für Gemeindelebenskunst ein Vergnügen und ein Vorrecht, Ihnen diesen Bericht für das Jahr 2009 zu präsentieren. Im vergangenen Jahr konnte sich unsere Bewegung mit so vielen neuen Triumphen und Innovationen schmücken, dass wir uns in unserem Eintreten für die zentralen Überzeugungen der Gemeindelebenskunst ermutigt und bestätigt wissen dürfen. Wir halten weiterhin daran fest, dass ein völliger Mangel an Glauben oder Überzeugung und die fehlende Bereitschaft, Zeit, Kraft oder Geld auf irgendeinen Aspekt des christlichen Lebens zu verwenden, keinerlei Hindernis für die Mitgliedschaft und das Engagement in der Kirche sein müssen. Allerdings müssen wir stets bedenken, dass unsere Kunst subtil und unentdeckt bleiben sollte. Auf den folgenden Seiten feiern wir diejenigen aus Vergangenheit *und* Gegenwart, die durch ihr Beispiel und ihre Sachkenntnis in der Lage sind, uns in dieser Hinsicht zu unterstützen und aufzuklären. Ich empfehle Ihnen diesen Bericht herzlich an.

Erster Teil

Die hohe Kunst des Gebetslebens

Die hohe Kunst des Heilungsgebets

Ich muss nicht betonen, wie überaus stolz wir sind auf die hervorragende Arbeit, die in diesem Bereich von Absolventen unseres Instituts geleistet wurde. Namen werde ich nicht nennen, da viele dieser Leute inzwischen sehr bekannt sind, aber es ist eine große Freude, so viele vertraute Gesichter und Frisuren live und im Fernsehen wiederzusehen. Ihre mit Autogrammen versehenen Fotos hängen hier auf den Fluren des Instituts. Es ist ein Quell tiefster Befriedigung, dass diese großen Gemeindelebenskünstler und -künstlerinnen nach wie vor die Tricks und Praktiken anwenden, die sie in früheren Jahren in Frome oder in neuerer Zeit hier in unserem wunderschönen neuen Gebäude in Great Malvern gelernt haben, wo Studenten von Fachleuten in der Anwendung neuester versteckter Kommunikationstechniken unterrichtet werden.

Fassen Sie Mut! Das ist meine Botschaft an alle, die sich in der *hohen Kunst des Heilungsgebets* engagieren. Echte Heilungsdienste mögen kommen und gehen, doch unsere Tätigkeit in diesem Bereich der Kirche scheint von einem Höhepunkt zum nächsten zu eilen. Das Institut für Gemeindelebenskunst wird nicht darin nachlassen, denen, die sich mit diesem Gebiet befassen, mit Unterstützung, Rat und praktischer Hilfe zur Seite zu stehen. Beginnen wir mit einer unserer neuesten Innovationen.

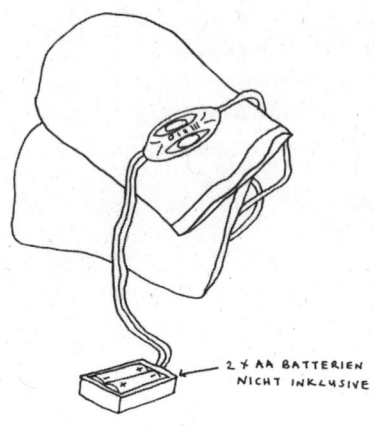

2 X AA BATTERIEN
NICHT INKLUSIVE

Handliche Heilungs-Handwärmer

Dieses pfiffig benannte Hilfsmittel für eindrucksvolle Hei-
lungsgebete ist vollkommen ungefährlich in der Anwendung und für Außenstehende praktisch nicht zu entdecken.
Das Set besteht aus einem Paar batteriebetriebener Taschen-
handwärmer (*erhältlich im Institut für Gemeindelebenskunst
zum Preis von fünfzehn Pfund je Set, einschließlich Porto und
Verpackung – siehe Abbildung*), ideal für den Gebrauch in
Situationen, in denen Heilungsuchende damit rechnen, das
von den Händen der für sie Betenden eine seltsame Wärme
ausgehen wird. Die gute Nachricht ist, dass sie keine Enttäuschung erleben werden. Stecken Sie einfach beide Hände in
die Seitentaschen Ihrer Jacke, während Sie vor der Handauf-
legung die »Was-kann-ich-für-Sie-tun?«-Routine abspulen,
schalten Sie die Handwärmer ein und warten Sie etwa zweieinhalb Minuten, bis Ihre Handflächen sanft vor Wärme glü-
hen. Nötigenfalls wiederholen Sie den Vorgang.

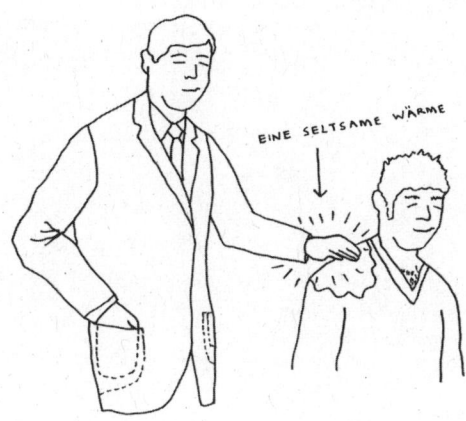

EINE SELTSAME WÄRME

Dies ist eine unserer kreativsten Neuentwicklungen, und wir sind überzeugt, dass man uns dieses Produkt geradezu aus den Händen reißen wird. Also sichern Sie sich Ihr Set, so schnell Sie können!

Die hohe Kunst des Spendenbrief-schreibens

Gemeindelebenskünstler und -künstlerinnen müssen essen wie alle anderen auch, und der Gemeindelebenskünstler, der sich mit der *hohen Kunst des Heilungsgebets* befasst, bildet da keine Ausnahme. Seine Bedürfnisse sind ebenso groß oder (da er von Natur aus hedonistischer veranlagt ist) noch größer als diejenigen von Männern oder Frauen, die einen echten Heilungsdienst haben. Um dem entgegenzukommen, ist es wesentlich, sich mit den Grundprinzipien der *hohen Kunst des Spendenbriefschreibens* vertraut zu machen, einem der einfachsten Wege, sich stetige Einkünfte während des ganzen Jahres zu sichern. Es gibt fünf Hauptprinzipien.

(1) Bitten Sie stets vor allem um Gebetsunterstützung

Machen Sie schon zu Beginn Ihres Briefes deutlich, dass Gebet der *erste* und Geld der *letzte* Punkt auf der Liste Ihrer Bedürfnisse ist. Lassen Sie die Tatsache, dass Sie Geld brauchen, nur beiläufig fallen oder sozusagen herausrutschen.

>»Ich habe den Ruf erhalten, Gottes heilende Kraft unter den Angehörigen des Matshawake-Stammes im Carra-bunda-Gebiet des Amazonasbeckens zu erweisen, und dies wird, vorausgesetzt, die finanziellen Fragen sind bis dahin geregelt, im September geschehen. Bitte beten Sie für die leidende Bevölkerung von Carrabunda, dass in der Zeit bis dahin kleinliches Denken an Miete und Benzinkosten der Linderung ihrer Not nicht im Wege stehen.«

Achten Sie darauf, sich mit pathetischem Optimismus schwärmerisch über die äußerst knappen zur Verfügung stehenden Mittel zu äußern. Das ist in finanzieller Hinsicht erheblich produktiver als Klagen oder Selbstmitleid:

>»Ich kann immer wieder nur darüber staunen, wie für alle meine Bedürfnisse gesorgt wird. Es gibt jede Menge Grund zum Danken. Ich bin begeistert, dass ich eines der Zimmer in meinem Haus heizen konnte, nachdem am Donnerstag eine Gabe mit der Post eintraf, und Wunder über Wunder, letzte Woche habe ich in einer Schublade eine ganze, noch ungebrauchte Kerze gefunden!

Wer braucht schon elektrisches Licht, wenn jeden Monat aufs Neue solche Wunder geschehen? Dahinter steht Gott. Verzeihen Sie meine kindliche Begeisterung, aber ich habe vor, die Kerze für einen besonderen Anlass aufzubewahren. Welches Vorrecht, dass mir solch überreichliche Versorgung zuteilwird!«

Listen Sie unbedingt Ihre eigenen bevorzugten Hilfsorganisationen auf und fordern Sie die Leute auf, dorthin zu spenden, bevor sie auch nur daran denken, Sie finanziell zu unterstützen. Mit einem genialen Handstreich erbot sich Prentice Basset aus Streatham einmal, *seinen Unterstützern Geld zu schicken*, falls sie in Not gerieten, und erklärte, er verfüge zwar nur über wenige Mittel, doch für ihn sei es keine Frage, dass »niemand Mangel leiden soll, solange ich etwas dagegen tun kann«. Das Geld strömte nur so herein, und Basset wirkte in jenem Jahr für den Herrn auf Barbados.

(2) Immer schön in die Ferne schweifen
Falls Sie nicht vorhaben zu verreisen, achten Sie darauf, dass die meisten Ihrer scheinbaren Zielorte sich in unbekannten Weltgegenden befinden, also in Ländern, die so fern oder entlegen sind, dass kein Leser Ihres Briefs voraussichtlich je dort hinkommen wird. Fügen Sie in der unteren rechten Ecke der Rückseite eine unscharfe kleine Landkarte ein, mit einem großen Pfeil, der einen ausgefransten rosa Fleck namens »Mandarak« irgendwo in der riesigen, leeren Weite Zentralasiens nahezu vollständig verdeckt (*siehe Abbildung*). Sollte jemand den Wunsch äußern, einen solchen Ort zu besuchen, veranlassen Sie einfach, dass Mandarak von einem Nachbarland überrannt oder von einer so drastischen Natur-

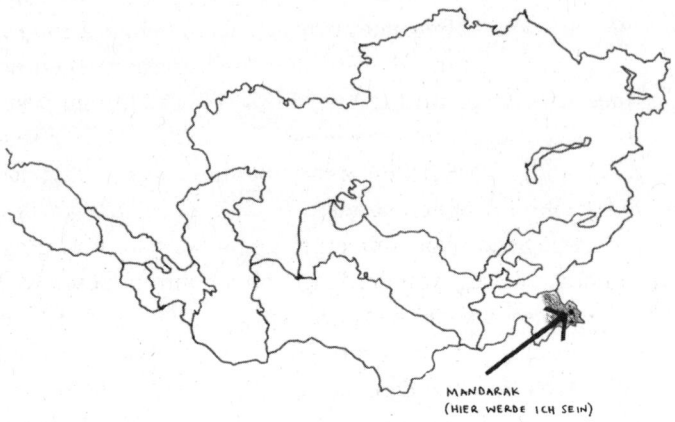

MANDARAK
(HIER WERDE ICH SEIN)

katastrophe oder Epidemie verheert wird, dass die Kosten einer Reise dorthin viel besser für Hilfsleistungen verwendet werden sollten, weitergeleitet durch Ihre kompetenten und fähigen Hände.

Falls Sie vorhaben, über ein konkretes Wunder zu berichten, achten Sie darauf, dass es in einer kleinen, verfallenen Hütte auf halber Höhe am Hang eines gefährlichen aktiven Vulkans in einem entlegenen Winkel von Pakistan passiert ist, wo es weder ein Telefon noch die Möglichkeit gibt, E-Mails zu senden oder zu empfangen.

(3) Sagen Sie über lokale Veranstaltungen immer die Wahrheit

Falls Sie es für nötig erachten, von Ihrem »Wirken« in näherer Umgebung zu berichten, halten Sie sich immer strikt an die Wahrheit. Patrick Gift, ein Absolvent unseres Instituts, ist auf diesem Gebiet seit Langem ein Experte. Betrachten Sie als Beispiel diesen Auszug aus seinem Rundbrief für den Juli 2004:

»Noch etwas Aufregendes habe ich allen meinen Partnern und Unterstützern zu berichten. Am Freitagmorgen erhielt ich einen Anruf mit der Bitte, einen Mann zu besuchen, den ich bereits ein wenig kannte. Nicht nur mir, sondern auch allen Beteiligten war klar, dass dieser Mann (ich werde ihn Mr. Sefton nennen) sterben würde. Ich tat alles, was Mr. Sefton von mir erbat und erwartete, und ging, innerlich bewegt von der Frage, ob ich ihn in dieser Welt je wiedersehen würde. Am Samstagmorgen wurde ich erneut in dasselbe Haus gerufen. Als ich dort eintraf, fand ich Mr. Sefton aus dem Bett aufgestanden, wohlauf und begierig, mir zu zeigen, wozu ein Mann mit kräftigen Gliedern und dem Willen zum Arbeiten imstande ist. Gott sei gepriesen für das, was er in Mr. Seftons Leben getan hat!«

Ein Meisterstück. Es traf vollkommen zu, dass Gift an jenem Morgen kontaktiert wurde. Der Mann namens Sefton, der nicht nur enorm fit war, sondern auch im selben Jahr schon acht Marathonläufe mit Zeiten unter drei Stunden hinter sich hatte, war zeitlich knapp dran und hatte einige Grabearbeiten, die in seinem Garten zu verrichten waren. Er bot sieben Pfund fünfzig pro Stunde dafür an, diese Arbeiten zu erledigen, während er im Büro war. Ebenso traf zu, das Sefton sterben würde. Das trifft für uns alle zu. Gift stocherte ein wenig halbherzig in der Erde herum, steckte das Geld ein, das Sefton fahrlässigerweise auf dem Küchentisch für ihn hinterlegt hatte, und ging nach Haus. Durchaus zutreffend war auch, dass Gift Sefton möglicherweise in dieser Welt nicht mehr wiedersehen würde; freilich war es ebenso möglich, dass dies doch geschehen würde. So war es denn auch. Als Sefton am nächsten Tag erneut anrief, nahm Gift an, es gebe noch mehr Arbeit zu tun, und ging hin, nur um festzustellen, dass Sefton (der aus dem Bett aufgestanden war, weil er das jeden Morgen tut wie jeder andere auch, nur mit mehr Energie, weil er so furchtbar fit ist) außer sich war vor Wut darüber, dass am Freitag nur ein winziges Stück seines Gartens (nachlässig) umgegraben worden war. Sefton beaufsichtigte Gift, bis die Arbeit ordentlich erledigt war, und weigerte sich, ihm dafür noch mehr Geld zu bezahlen.

Man kann nur bewundern, wie Gift diese Katastrophe zu seinem Vorteil verkehrte. Gute Gemeindelebenskunst beruht oft auf Kreativität, und hier im Institut sind sich alle einig, dass Gift damit im Übermaß gesegnet ist.

(4) Perfektionieren Sie die High-Power-Heilungspositur und fügen Sie eine Abbildung ein

Ein Foto von Ihnen, dem Heiler, bei der Arbeit sollte in Ihrem Brief stets augenfällig platziert werden. Für die Anwendung der *High-Power-Heilungspositur* gelten strikte Richtlinien (*siehe Abbildung*). Im Idealfall sollte sie folgendermaßen ausgeführt werden:

(a) Legen Sie die linke Hand leicht, aber teilnahmsvoll auf die rechte Schulter des Heilungsuchenden.

(b) Legen Sie den Kopf in einem Winkel von vierunddreißig Grad nach rechts.

(c) Setzen Sie eine Miene konzentrierten Zuhörens auf, verbunden mit einem leichten Lächeln zuversichtlicher Vertraulichkeit, so als würden Ihnen aus einer anderen geistlichen Dimension freundliche Anweisungen übermittelt.

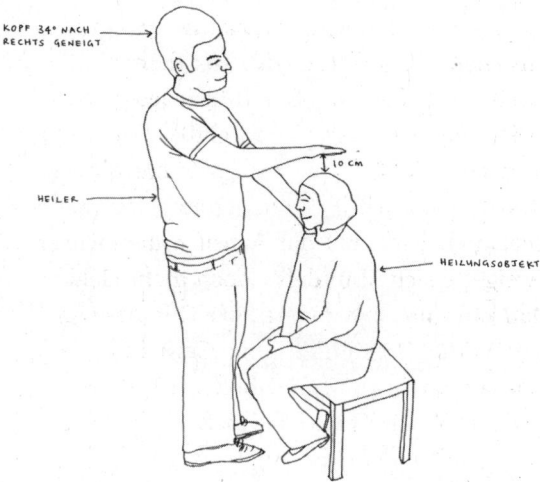

(d) Heben Sie den rechten Arm, bis die Spitze des längsten Fingers den Scheitelpunkt Ihres Kopfes um etwa drei Zoll überragt, und drehen Sie die Handfläche ein wenig nach innen und links.

(e) Hier kann eine leichte, aber rasche Wippbewegung auf den Fußballen angeraten sein; beachten Sie jedoch bitte, dass die FGBMFI für dieses Manöver Patente angemeldet hat.

Zu unserer Freude können wir jetzt denjenigen, die Schwierigkeiten damit haben, die *High-Power-Heilungspositur* erfolgreich einzunehmen, unser brandneues Produkt anbieten, die HPHP-Schablone (*erhältlich beim Institut für Gemeindelebenskunst zum Preis von vierundzwanzig Pfund je Schablone für die Selbstmontage in Minzgrün oder Quietschorange, einschließlich Porto und Verpackung – siehe Abbildung*). Dieses etwas mehr als lebensgroße Modell eines High-Power-Heilers

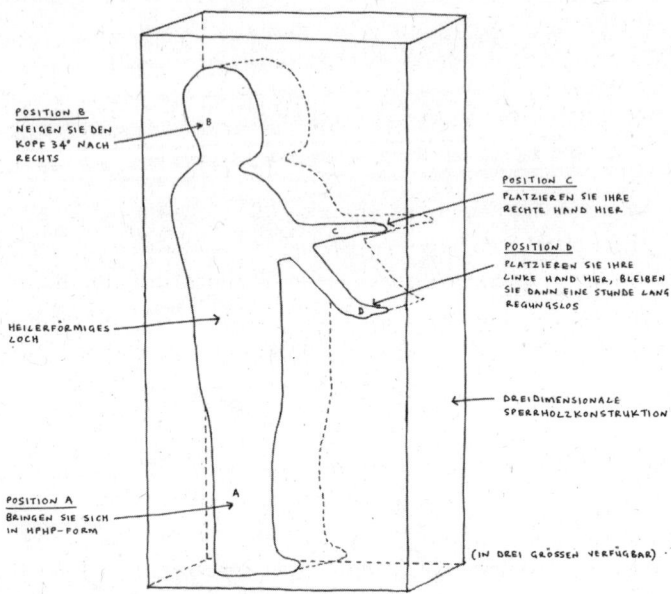

POSITION B
NEIGEN SIE DEN
KOPF 34° NACH
RECHTS

POSITION C
PLATZIEREN SIE IHRE
RECHTE HAND HIER

POSITION D
PLATZIEREN SIE IHRE
LINKE HAND HIER, BLEIBEN
SIE DANN EINE STUNDE LANG
REGUNGSLOS

HEILERFÖRMIGES
LOCH

DREIDIMENSIONALE
SPERRHOLZKONSTRUKTION

POSITION A
BRINGEN SIE SICH
IN HPHP-FORM

(IN DREI GRÖSSEN VERFÜGBAR)

ist aus besonders verstärkter Pappe hergestellt und gestattet
es dem Anwender, sich regelrecht in die Figur hineinzustel-
len und so automatisch die korrekte Positur einzunehmen.
Untersuchungen weisen darauf hin, dass das bewegungs-
lose Verharren in der HPHP-Schablone für eine Stunde täg-
lich nach einer Woche zur Ausbildung neuraler Muster
führt, die sich nicht ohne Weiteres wieder auflösen werden.

(5) Ein paar handgeschriebene Worte
   darunter

Fügen Sie unten auf der letzten Seite Ihres Briefes immer
ein paar handgeschriebene Worte hinzu. Der Stil sollte von
informeller Vertraulichkeit sein, so als wäre die Person, an
die Sie schreiben, der einzige Mensch auf der Welt, der wirk-

lich verstünde, was Sie durchmachen. Patrick Gift liefert uns allen dazu ein nachahmenswertes Beispiel:

> »Hi Chris, altes Haus! Tut mir leid, dass ich dir den ganzen Reklamekram schicke. Du wenigstens verstehst, was ich hier mache, ohne die ganzen langen Erklärungen. Du hast es selbst erlebt, das weiß ich. Ich sage das nur dir, mein lieber Bruder, ganz unter uns, aber es lastet einiges auf mir, und es tut mir gut, einfach zu wissen, dass du im Gebet an meiner Seite stehst, während die Arbeit weitergeht. Eines Tages werden wir uns treffen und endlich mal richtig reden. Ich kann dir gar nicht sagen, wie ich mich darauf freue!«

Die Wahrheit ist, dass Gift sein »altes Haus« Chris einmal kurz auf einer Fundraisingveranstaltung getroffen, es aber irgendwie geschafft hatte, ihm seine Adresse zu entlocken, bevor sie sich trennten. Er erhielt postwendend einen Scheck über hundert Pfund.

(6) Das Lächeln im Abwenden

Noch ein nützlicher Tipp von Patrick Gift. Wenn Sie als Gemeindelebenskünstler und -künstlerinnen aufgefordert werden, für die Heilung einer Person zu beten, ist es ratsam, das Gebet damit zu beenden, dass Sie sich mit einem stillen, aber seligen Lächeln auf dem Gesicht rasch von dem Heilungsuchenden abwenden. Die Implikation dieses heiteren Lächelns sollte sein, dass Sie Ihre Pflicht gegenüber Gott und dem leidenden Menschen nach bestem Wissen und Gewissen erfüllt haben und nun den Erfolg oder das Scheitern Ihres Gebets völlig von der inneren Reaktion der Person abhängig machen, für die Sie gebetet haben. Mit Gifts eigenen Worten:

»Ein fähiger Gemeindelebenskünstler wird sich nie dem Risiko aussetzen, Verantwortung für den Ausgang eines von ihm gesprochenen Gebets zu übernehmen.«

In diesem Zusammenhang erhalten wir von unseren Mitgliedern und Studenten ständig Bitten um Hinweise, wie mit den Rückfragen umzugehen sei, die sich aus der (unvermeidlichen) Nichtheilung ergeben, zu der das Gebet von Gemeindelebenskünstlern und -künstlerinnen führt. Gift nennt dazu eine Reihe empfehlenswerter Antwortmanöver (*vollständige Liste erhältlich beim Institut für Gemeindelebenskunst gegen eine Schutzgebühr von zwei Pfund einschließlich Porto und Verpackung*).[1]

(a) Das hängt davon ab, was Sie mit Heilung meinen. (*Mit einem neckischen, viel sagenden Lächeln gesagt – auch wenn es sich lächerlich anhört, wenn man es zu jemandem sagt, der sein Bein nicht bewegen kann.*)

(b) Es passiert nicht immer sofort. (*Ja, klar doch ...*)

---

1 Wir sind uns übrigens der Tatsache völlig bewusst, dass viele dieser Antworten nicht ausschließlich von Gemeindelebenskünstlern und -künstlerinnen verwendet werden und zum Teil sogar in den Reihen der Aufrichtigen anerkannt sind. Das ist nicht unser Problem und sollte uns nie von der wichtigen vor uns liegenden Arbeit abhalten dürfen. Wir können zu diesem Thema nur den großen Vernon Poole zitieren:

> Lass leiten deine Nichtigkeit
> vom Lichte der Aufrichtigkeit.
> So mag der Lüge schöner Schein
> als Wahrheit wohl verstanden sein.

Diesen bewegenden Worten bleibt zu diesem Thema wohl nichts mehr hinzuzufügen.

(c) Sie werden Gott und anderen Menschen in Ihrem ungeheilten Zustand besser dienen können. (*Wirklich?*)

(d) Vielleicht gibt es eine Sünde in Ihrem Leben, die bekannt werden muss. (*Die Sünde extremer Gutgläubigkeit vielleicht?*)

(e) Es fehlt Ihnen an Glauben. (*Sie sind Mose, verglichen mit der Person, die für Sie betet.*)

(f) Der Tod ist der größte Heiler von allen. (*Tolle Nachricht, was?*)

(g) Ich frage mich – *wollen* Sie wirklich geheilt werden? (*Äh, ja.*)

(h) Sie sind geheilt worden, aber Sie müssen Ihre Heilung auch in Anspruch nehmen. (*Interessant, den nachhaltigen Erfolg dieses Manövers zu beobachten, obwohl es Heilung als etwas darstellt, was man beantragen muss wie einen Preis bei einer Reader's-Digest-Lotterie.*)

(i) Es gibt Geheimnisse, die zu ergründen uns nicht beschieden ist. (*Am besten mit einem traurigen Kopfschütteln zu unterstreichen.*)

(j) Gottes Antwort auf ein Gebet kann ein »Ja«, ein »Nein« oder ein »Warte« sein. (*Gott ist offensichtlich der erste Batter für irgendeine Kricketmannschaft.*)

Die hohe Kunst des Zungenredens

Es ist natürlich höchst unwahrscheinlich, dass ein ernsthafter Student der Gemeindelebenskunst tatsächlich in Zungen redet, doch gerade aus diesem Grund ist es ratsam, vorbereitet zu sein. Es gibt immer wieder Situationen, in denen sich die scheinbare Anwendung dieser Gabe als strategisch unerlässlich erweist. J. N. Vallant aus Ipswich hat uns für unsere Bemühungen in dieser Richtung ein unschätzbar wertvolles Hilfsmittel zur Verfügung gestellt. Erforderlich ist dafür schlicht und einfach eine Kopie der Aufstellungsliste der Kricket-Nationalmannschaft von Sri Lanka aus den frühen 1990er-Jahren. Nach ausgiebigen Tests hier im Institut für Gemeindelebenskunst und im Feldeinsatz können wir erfreut berichten, dass Vallants Behauptungen vollkommen zutreffend sind. Ob bei einem Gebetstreffen in gleichförmiger Monotonie gemurmelt oder kraftvoll, aber mit leichtem Nuscheln vorgetragen (natürlich nur in Gegenwart von Leuten, die sich nicht für Kricket interessieren und nichts davon verstehen), hat sich das Herunterleiern dieser Namen als bemerkenswert wirkungsvoll erwiesen.

Ein Kollege und Bekannter von mir hat tatsächlich erlebt, wie seine Rezitation der sri-lankischen Kricketmannschaft von der Dame neben ihm als Ruf Gottes ausgelegt wurde, in dem Dorf Cowfold in Sussex einen Gemeinschaftswaschsalon einzurichten.

Wir fügen die Liste hier zu Ihrer Verwendung bei. Übung ist wie immer hilfreich, und vergessen Sie nicht, dass stimmlich gesehen am Ende des letzten Namens eine mystische Senkung oder Wendung der Stimme erforderlich ist.

Marvan Atapattu
Sanath Jayasuriya
Hashan Tillakaratne
Suresh Perera
Aravinda de Silva
Romesh Kaluwitharana
Pramodya Wickramasinge

Muthia Muralitharan
Kumara Dharmasena
Artuna Ranatunga
Mahela Jaywardena

Noch ein Hinweis zu der Gabe des Zungenredens. Es gibt zwei nützliche und gegensätzliche Standpunkte, die Praktikanten der Gemeindelebenskunst in diesem Bereich einnehmen können, je nach der derzeit vorherrschenden Meinungslage und dem Ort, wo sie sich befinden.

Der erste ist das *Zum-Glück-haben-wir-das-alles-hinter-uns*-Manöver, bei dem der Gemeindelebenskünstler oder die Gemeindelebenskünstlerin leichthin und mit einer Miene toleranter Belustigung von der schlechten alten Zeit redet, in der charismatische Gemeinden andeuteten oder behaupteten, eine echte Bekehrung sei unweigerlich von der Gabe des Zungenredens begleitet. Weisen Sie darauf hin, dass Paulus im zwölften Kapitel des zweiten Korintherbriefes[2] die Frage stellt: »Reden alle in Zungen?« Führen Sie dies als logischen, unwiderlegbaren Beweis an, dass die frühe Gemeinde keine so törichte Erwartung hatte. Dieses Manöver ist besonders hilfreich in Situationen, in denen sich ein ausgewogenes, vernünftiges Interesse an den Geistesgaben entwickelt und eingedämmt werden muss.

Befinden Sie sich dagegen in einem gemeindlichen Umfeld, in dem allgemein die Auffassung herrscht, die Leute seien noch nicht bereit dafür oder müssten Gaben dieser Art

---

2 Dies ist eines jener seltenen Beispiele für eine Situation, in der es für Gemeindelebenskünstler und -künstlerinnen taktisch wünschenswert ist, sich die Mühe zu machen, Bibeltexte und ihre genaue Fundstelle zu kennen.

nach der Priorität ordnen, wenden Sie das *Es-scheint-also-Folgendes-passiert-zu-sein*-Manöver an, das, wie wir alle wissen, eine Seitentaktik des *Seien-Sie-mir-nicht-böse-ich-zitiere-nur-was-die-Bibel-sagt*-Manövers ist. In diesem Fall sagen Sie ernsthaft und mit einer Miene teilnahmsvollen Verantwortungsbewusstseins:

»Verzeihen Sie, aber ich versuche wirklich nur zu verstehen, was die Bibel uns in dieser Frage lehrt. Meine Frage ist diese – können wir die ersten sechs Verse des neunzehnten Kapitels der Apostelgeschichte lesen und guten Gewissens weiterhin sagen, dass Zungenrede oder Zungenrede und Prophetie damals, also zu einer Zeit, als die Muster für künftige Generationen von Christen geprägt wurden, nicht als klare und verbreitete Zeichen einer echten Taufe angesehen worden seien? Das ist nur eine Frage. ›Und als Paulus die Hände auf sie legte, kam der heilige Geist auf sie, und sie redeten in Zungen und weissagten.‹[3] So steht es in meiner Bibel, und (*mit tiefem Ernst*) daran bin ich gebunden.«

---

3 Noch einer jener seltenen Fälle, in denen es ratsam sein könnte, sich etwas in der Bibel auszukennen.

Zweiter Teil:

Die hohe Kunst der effektiven Kommunikation

Es ist unser unerschütterlicher Glaube, dass fast jeder Gemeindelebenskünstler oder jede Gemeindelebenskünstlerin, wie genussvoll unwissend oder herrlich träge auch immer, in der Lage ist, über jedes biblische oder geistliche Thema zu sprechen, zu schreiben oder zu predigen, solange sie sich mit den Ratschlägen und Hinweisen vertraut machen, die uns die Meister dieser Kunst in Vergangenheit und Gegenwart zur Verfügung stellen. Durham Steadmans vorzügliches, wenn auch rätselhaft betiteltes Buch *Sin Bull Hit* (*erhältlich beim Institut für Gemeindelebenskunst zum Preis von vierzehn Pfund einschließlich Porto und Verpackung*) ist unserer Meinung nach weit und breit das beste Standardwerk. Wir beginnen diesen Abschnitt mit Beispielen aus Steadhams Ratschlägen.

Seien Sie originell

Von Zeit zu Zeit kann es für Gemeindelebenskünstler und -künstlerinnen notwendig sein, einen Vortrag oder eine schriftliche Arbeit abzuliefern, die langweilig, steif und von bleischwerer Orthodoxie ist. Die sinkenden Auflagen vieler unserer christlichen Zeitschriften sind an sich schon ein Tribut an die unermüdlichen Anstrengungen wenig bekannter, aber sehr engagierter Absolventen des Instituts für Gemeindelebenskunst in Frome und neuerdings in Great Malvern.

Doch diese unbesungenen Helden würden sicherlich zustimmen, dass es in der Hauptsache unsere Aufgabe ist, mit der Originalität unserer Herangehensweise an die Schrift, an Bücher und historische Gestalten zu blenden und zu beunruhigen, auch wenn wir so gut wie nichts über sie wissen. Dies lässt sich auf verschiedenerlei Weise bewerkstelligen, doch eine der ergiebigsten Methoden ist es, einfach einem Buch, einem Schriftsteller oder einem berühmten Christen vorzuwerfen, es mangele ihnen gerade an der Qualität, die sie bislang ausgezeichnet hat.

Ein anschauliches Beispiel, das ich selbst mit vorzüglichem Erfolg in Ansprachen und Bibelarbeiten verwendet habe, betrifft den Propheten Jona. Aus Mut und Loyalität, so betone ich immer wieder, habe Jona sich in Tarsis eingeschifft, und nur eine Mischung aus Feigheit und schierem Ungehorsam habe ihn schließlich dazu veranlasst, in Ninive zu predigen. Beiläufig erwähne ich dabei auch, es sei nicht unbedingt so, dass der große Fisch Jona verschlungen habe, sondern in einem sehr realen Sinne habe Jona den großen Fisch verschlungen.

»Wagen wir es«, so frage ich die Gruppe oder Gemeinde, vor der ich spreche, »zuzulassen, dass wir der Wahrheit ins Gesicht sehen, die hinter dieser Geschichte steckt, die wir zu kennen und zu verstehen *glauben*, oder werden wir uns hinter blutleeren Konventionen verstecken und Gott und einander verschämt zuflüstern, dass uns die Wahrheit nicht interessiert? Meine Freunde, hören Sie die Herausforderung? Und werden Sie ihr folgen?«

Meistens folgen sie ihr tatsächlich, und ganz ehrlich, wenn Sie diesen Kniff erst einmal beherrschen, wird Ihnen die biblische Welt und die christliche Welt im Allgemeinen zu Füßen liegen. Es gibt so viele Möglichkeiten, wenn Sie sich die Mühe machen, die Bücher der Bibel, historische Gestalten und bekannte Schriftsteller aus einem neuen Blickwinkel zu betrachten. Beispiele aus der Bibel:

Apostelgeschichte: Schwer zugänglich und undurchschaubar theoretisch, ohne viel Dramatik oder realistische Handlung.

Offenbarung: Eine nette Abwechslung nach all den schwer zu durchdringenden Büchern, wahrscheinlich das klarste und einfachste von allen.

Prediger: Ein zum Brüllen komisches Buch, geschrieben von einem echten Optimisten. Heitert mich immer wieder auf und erinnert mich daran, dass sich das Leben eben doch lohnt. (*Manchmal lasse ich mich von Leuten dabei beobachten, wie ich schmunzelnd über dem Buch des Predigers sitze und gelegentlich den Kopf zurückwerfe und in schallendes Gelächter ausbreche.*)

Psalmen: Ohne wirkliche lyrische oder musikalische Qualität. Befassen sich vorwiegend mit banalen Themen und versäumen es, die Tiefen emotionaler Not der Menschen, die sich nach Gott sehnen, auszuloten. Kaum ein Bewusstsein oder eine Anerkennung für die dunkle Seite der menschlichen Erfahrung.

Ruth: Schwer beladen mit Rauheit und Brutalität. Unsympathische, lieblose Hauptfiguren, die den Leser an der Menschheit im Allgemeinen und an den Frauen im Besonderen verzweifeln lassen.

1. Mose: Hinterlässt beim Leser den tiefen Wunsch, mehr über die Anfänge, die Ursprünge der Schöpfung, die anfängliche Freundschaft zwischen Gott und seinem Volk und darüber zu erfahren, was denn die Seligkeit dieser Beziehung schließlich zerstört hat.

Klagelieder: Zu lustig.

Philemon: Zu lang.

Jesaja: Zu kurz.

4. Mose: Zu emotionsgeladen.

Hiob: Im Stil sehr prosaisch und ein deprimierender Hinweis darauf, dass Männer und Frauen, die aus eigener, bewusster Schuld heraus in die Irre gehen, sehr oft nicht bereit sind, auf die vorzüglichen Ratschläge weiser Freunde zu hören.

Hoheslied: Eine leidenschaftslose Abhandlung über die intellektuellen und praktischen Probleme des formellen Umgangs zwischen Männern und Frauen. Ach, käme doch etwas von den sinnlichen, sexuellen Aspekten menschlicher Beziehungen darin vor!

Jakobus: Eine Ermahnung, dass unser Verhalten und Handeln im Vergleich zu unserem Glauben von geringer Bedeutung ist.

Genau dasselbe Vorgehen wenden Sie auf historische Gestalten an:

Martin Luther: Konformistischer Theologe, dem jeder Sinn für geistliche Erneuerung abging.

John Wesley: Ein Mann, dessen Leben und Wirken gekennzeichnet und möglicherweise beeinträchtigt war durch seine barsche Weigerung, zu reisen und zu lehren, weil er, wenn er unterwegs war, seine Frau so sehr vermisste.

Juliana von Norwich: Frau aus East Anglia, die sich so sehr in Alltagsdingen verzettelte, dass sie nie dazu kam, die abstrakteren, mystischen Aspekte des Glaubens zu erkunden.

Thomas Morus: Staatsmann und Schriftsteller, dessen Leben und Tod ein deutlicher Hinweis auf die negativen Folgen sind, die es haben kann, wenn wir unsere Prinzipien aufgeben.

General Booth: Ein respektloser, frivoler Mensch, der, wäre er nicht ständig auf der Suche nach Gelegenheiten gewesen, allen möglichen Leuten Streiche zu spielen, vielleicht viel zum Wohl der leiblichen und geistlichen Bedürfnisse einfacher Arbeiter hätte tun können.

Pater Pio: Ein kleiner Angeber. »Schaut alle her! Ich habe die Stigmata! Habt ihr die auch? Nein? Haha, dachte ich mir!«

Und dann sind da natürlich noch die christlichen Schriftsteller:

C. S. Lewis: Die fantasielosen, einfallslosen Schriften dieses Mannes hätten von etwas tieferer Gelehrsamkeit und mehr philosophischer Intuition profitieren können. Was Leser wirklich wollen und brauchen, ist, in eine neue und andersgeartete Welt geführt zu werden.

Aiden Wilson Tozer: Hätte ruhig etwas strenger und weniger versöhnlich sein können. Spielt denn das Kreuz überhaupt keine Rolle?

Gerard Manley Hopkins: Wo bleibt die Launigkeit?

Gilbert Keith Chesterton: Wo bleibt das Paradox?

William Barclay: Wo bleiben die biblischen Andachten?

Augustinus von Hippo: Ist ja schön und gut, wenn er davon predigt, unser Leben zu ändern und Erlösung zu suchen,

aber wir wären vielleicht eher bereit gewesen, ihm zuzuhören, wenn Augustinus ein bisschen offener über sein
eigenes früheres Leben gesprochen hätte. Hatte er zum
Beispiel jemals eine Konkubine oder etwa uneheliche
Kinder? Dürfen wir das erfahren?

Paulus: Unzulänglich gebildet und ohne jeden Hang zum
Briefeschreiben, könnte man zu dem Schluss kommen,
dass dieser antriebslose Dauerzweifler zuließ, dass sein
Mangel an Zuversicht unnötige Barrieren zwischen den
Heiden und dem Evangelium aufrichtete, das sie so drin-
gend brauchten.

Entdecken Sie Probleme, wo keine sind

Viele Christen haben, seltsam schwebend zwischen Furcht
und Lust, ein Gespür oder einen Instinkt dafür, dass das
Böse in den unwahrscheinlichsten Nischen und Spalten des
Alltags lauern und darauf warten könnte, den arglosen Gläubigen von hinten zu überfallen. Gemeindelebenskünstler
und -künstlerinnen, die andere durch das gesprochene oder
geschriebene Wort beeinflussen wollen, sollten sich dieser
Neigung bewusst sein und sie hin und wieder bei ihrer Arbeit ins Spiel bringen. Als Beispiel führe ich einige Lesepro-
ben aus einem Zeitschriftartikel an, den ich für die Früh-
jahrsausgabe 2001 der Zeitschrift *Christliche Alpha-Familien
des 21. Jahrhunderts* geschrieben habe. Er zog über hundert
Dankesbriefe nach sich und sorgte, wie ich in aller Bescheidenheit andeuten möchte, vermutlich dafür, dass sich in
jener ganzen Jahreszeit erheblich weniger christliche Menschen in der Landschaft verstreut fanden.

»Fallera« oder »Fall nicht rein!«
Durham Steadman beleuchtet die versteckten Gefahren
eines einfachen Frühlingsspaziergangs

Sie machen sich auf zu einem netten Spaziergang, um einen jener herrlichen Frühlingstage zu genießen, die wir alle so sehr lieben. Der Himmel ist blau, die Sonne lacht, und Lämmchen tollen auf den Weiden um ihre Mütter herum. Die blauen, gelben und weißen Blüten spüren, dass der lange, kalte Winter endlich zu Ende ist, und öffnen vorsichtig ihre zutraulichen Gesichter, um die Wärme der Aprilsonne in sich aufzunehmen und zu genießen. Die ganze Schöpfung scheint über das allenthalben neu aufbrechende Leben zu jubeln. Was könnte unschuldiger und reiner sein als ein Spaziergang durch die Frühlingslandschaft? Da ist doch sicher nichts dabei, was einem arglosen Gläubigen Sorgen machen müsste – oder?

Eilen Sie vorbei

Plötzlich fällt Ihr Blick auf eine Stelle am Wegesrand, die von einem grünen Gewächs überzogen ist. Sie knien sich hin, um sich das genauer anzusehen, fasziniert von den kleinen, herzförmigen Blättern, von denen jeweils drei auf den hauchzarten Stielen angeordnet sind. Es handelt sich um die zu den Leguminosen gehörige Futterpflanze der Gattung Trifolium, volkstümlich »Klee« genannt, und dem Satan vertraut als unauffälliges Mittel, um Gläubige zur Sünde zu verführen. Ist jenes seltene vierblättrige Exemplar, das Sie dort gerade außerhalb der Reichweite Ihrer Hand entdecken, ein heidnisches Glückssymbol?

Und wenn? Unser Vertrauen ruht nicht auf oberfläch-
lichem Aberglauben, wenn auch der Teufel stets versuchen wird, uns mit solchen Versuchungen den Kopf
zu verdrehen. Ziehen Sie Ihre Hand zurück und eilen Sie
in Zukunft an dem Klee vorbei, wenn Sie Gott wahrhaft
ehren möchten.

Graue Himmel

Aber es kann doch sicher nichts schaden, so fragen Sie,
wenn ich mich im weiteren Verlauf meines Spaziergangs
an dem herrlich leuchtenden Blau des wolkenlosen Himmels erfreue?

Mag sein, lieber Freund, aber möchte uns nicht der
Herr daran erinnern, dass es viele Brüder und Schwestern
gibt, die aus Niedergeschlagenheit oder Verzweiflung
nichts als graue Himmel über den trostlosen Horizonten
ihres Lebens sehen? Wollen Sie jene Menschen in Not so
schnell um Ihres eigenen Vergnügens willen vergessen?
Die Augen des Fleisches mögen einen blauen Himmel sehen, doch richten Sie in Gehorsam und geschwisterlicher
Liebe die Augen Ihres Geistes auf schwarze, dräuende
Wolken, die den Himmel füllen und das Land mit Sturm
und Hagel und peitschendem Regen bedrohen. Erfahren
Sie die wahre Freude des Gehorsams.

Okkulte Formen

Nun, möchten Sie mir jetzt vielleicht sagen, ich will
gerne in diesen Dingen gehorsam sein, aber es ist doch
sicher nichts Falsches daran, still dahinzuschlendern und

die Bäume und Felder und die wilden und zahmen Geschöpfe zu betrachten, an denen ich vorbeikomme?

Lassen Sie mich mit einer Gegenfrage antworten. Soll die Schrift gar keinen Einfluss darauf haben, wie wir unser Leben führen? Im zweiundzwanzigsten Kapitel des zweiten Buches der Könige lesen wir von dem achtjährigen König Josia: »Und er tat, was dem Herrn wohlgefiel, und wandelte ganz in dem Wege seines Vaters David und wich nicht davon ab, weder zur Rechten noch zur Linken.«

Und so müssen natürlich auch wir wandeln. Brüder und Schwestern, würden Sie sich zur Linken und zur Rechten wenden, während Sie durch die Landschaft wandern, so würden Sie die Weisheit dieser Schriftmahnung erkennen. Sie würden Äste sehen, verwrungen zu gequälten okkulten Formen, Rinder, gehörnt wie der Teufel selbst, Kaninchen, die vom Geist der Unzucht besessen sind, und knospende Früchte, die einst den tropfenden Saft der Verführung und der Sünde symbolisieren werden.

Fünf hilfreiche Hinweise für die Planung
Ihres Frühlingsspaziergangs

(1) Riskieren Sie niemals einen Spaziergang über Land ohne Begleitung. Es ist viel leichter, das Böse und die Versuchung zu bekämpfen, wenn Sie von einem gleichgesinnten Freund begleitet werden.

(2) Machen Sie sich nicht in der Absicht auf den Weg, aus Ihrem Spaziergang irgendwelche persönliche Befriedigung zu schöpfen. Geben Sie das ganze Unterfangen an Gott ab, bevor Sie aufbrechen, und lassen

Sie ihn entscheiden, welcher Gebrauch am besten davon zu machen ist.

(3) Vermeiden Sie es, irgendetwas anzuschauen. Warum wollen Sie sich unnötige Probleme einhandeln? Schauen Sie nur gerade aus und beten Sie um Schutz vor allem, was Sie umgibt. Wie wäre es, wenn Sie und Ihr Freund sich einigen, abwechselnd mit geschlossenen Augen zu gehen?

(4) Erliegen Sie nicht der Versuchung, sich sklavisch an eine Karte oder Wegbeschreibung zu halten. Der Herr ist es, der uns führt, und er wird dafür sorgen, dass wir an dem Ziel ankommen, das er uns bestimmt hat. Wie spät und dunkel es auch werden mag und wie verirrt und hungrig und verwirrt wir uns auch fühlen mögen, verlassen Sie sich darauf, dass dies nur Lügen sind, die uns entmutigen sollen, und dass wir, wenn wir treu am Glauben festhalten, genau dort ankommen werden, wo Gott uns haben möchte.

(5) Vergessen Sie nicht, es zu genießen!

Christliche Bücher schreiben

Es ist wichtig, sich klarzumachen, dass aus Sicht von Gemeindelebenskünstlern und -künstlerinnen nur drei Aspekte eines jeglichen christlichen Buches von Bedeutung oder Interesse sind. Diese sind das Cover, der Rückumschlag und die ersten zwei oder drei Absätze. Der eigentliche Inhalt, den man sich immer noch im letzten Moment aus den Fingern saugen kann, nachdem die eigentliche Arbeit getan ist, ist kaum von Belang. Viele christliche Autoren, die nichts von formaler Gemeindelebenskunst verstehen, vergeuden ihre Zeit damit, gewissermaßen das Rad neu zu erfinden. Angesichts dessen ist es für Gemeindelebenskünstler und -künstlerinnen leicht ersichtlich, wie wesentlich es für die Leser ist, vor der Erkenntnis geschützt zu werden, dass sie im Begriff sind, dasselbe Buch zum fünften oder sechsten Mal zu lesen, wenn auch in leicht veränderter Form.

Die Titelgestaltung und insbesondere der Titel selbst sollten die Verheißung enthalten, ein Problem zu lösen, dass für seine Unlösbarkeit berüchtigt ist. Mein bisher erfolgreichstes Buch trug einen packenden Titel in leicht erhabenen, pechschwarzen Großbuchstaben auf weißem Hintergrund.

ZWEIFEL ZERSTÖREN
Wie Sie in weniger als sechs Wochen zu einem totalen, unerschütterlichen Glauben kommen

Außerdem enthält das Cover einen weiteren starken Anreiz für potenzielle Leser:

Ein lebensveränderndes Buch ...

Diese nützliche Aufschrift, die natürlich vor der Abfassung des Buches ausgewählt wurde, stammt aus einem Vorrat universell verwendbarer Coverphrasen, die ich im Lauf der Jahre zusammengestellt habe (*die vollständige Liste ist erhältlich beim Institut für Gemeindelebenskunst zum Preis von drei Pfund einschließlich Porto und Verpackung*). Fügen Sie stets die drei Punkte am Ende der Phrase hinzu, da sie durchblicken lassen, dies sei nur ein winziger Auszug aus einer viel längeren und vollständigeren Liste von Komplimenten von irgendjemandem.

Einige weitere Möglichkeiten:

Ein gigantischer Schritt nach vorn für die gesamte christliche Gemeinde ...

Strahlendes Licht für die, die in der Dunkelheit leben ...

Ein außergewöhnlicher / umwerfender / erstaunlicher / gewaltiger Triumph ...

Eine Botschaft direkt aus dem Himmel ...

Worte des Lebens, der Heilung und der Inspiration ...

Ein Buch, das buchstäblich die Achse der Erde verschieben wird ...

Die endgültige Antwort auf alle geistlichen Fragen ...

Gott selbst hat dieses Buch geschrieben ...

Der Rückumschlag sollte eine Zusammenfassung des Inhalts des Buches enthalten, meist »Klappentext« genannt, und überschwänglich positive Kommentare von (möglichst bekannten) Leuten, denen vor dem Erscheinen eine Kopie des Manuskriptes zugesandt wurde.

Der Klappentext kann ebenso wie der Inhalt des Covers vor dem Buch selbst geschrieben werden. *Zweifel zerstören* wurde (von mir) folgendermaßen beschrieben:[4]

»In diesem Buch nimmt sich Durham Steadman vor, einen Bereich des Glaubens auszugraben und gründlich zu erforschen, der in der Vergangenheit vernachlässigt oder mit Gleichgültigkeit behandelt wurde. Andere Bücher zu diesem Thema stellen Fragen. Steadman spricht furchtlos die Antworten aus. In einer Reihe leicht verständlicher Abschnitte wird jeder Aspekt des Problems bearbeitet und auf eine Weise geklärt, die den Rastlosen Ruhe und dem sehnsuchtsvollen Herzen Erfüllung bringen wird.«

Mit den Empfehlungen von berühmten Leuten ist es ein wenig kniffliger. In meinem Fall zum Beispiel fielen die Reaktionen auf die Manuskripte, die mein Verlag verschickte, durchweg so negativ aus, dass ich ein wenig kreativ kürzen musste, um das gewünschte Ergebnis zu erzielen. Hier ist eine Abschrift des Originals einer Kritik, aus der ich einige Kommentare für den Rückumschlag von *Zweifel zerstören* herausgriff. Die Teile, die schließlich auf der Rückseite des Buches zitiert wurden, sind hervorgehoben.

»Dieses Buch ist nicht nur entsetzlich schlecht geschrieben; das Manuskript war auch, als ich es aus dem Um-

---

4   Es lohnt sich anzumerken, dass diese Worte geeignet sind, um so ziemlich jedes christliche Buch zu beschreiben. Ich selbst habe sie für den Rückumschlag meines Folgetitels *Zerstörung bezweifeln*, für den dritten Band der Reihe, *Die Wahrheit über Zerstörung und Zweifel*, und für den vierten Band *Zweifel und Zerstörung – Das Arbeitsbuch* verwendet.

schlag nahm, mit einer ekelhaften, marmeladenähnlichen Substanz verschmiert. **Ich konnte es nicht mehr aus der Hand legen**, weil die erste Seite an meinen Fingern festklebte. Dies, verbunden mit den abscheulichen und schwachsinnigen Gedanken, die in dem Buch zum Ausdruck kommen, brachte meinen ganzen Organismus durcheinander; **es hielt mich die ganze Nacht über wach**. Ich sollte hinzufügen, dass ich es besonders unerhört finde, dass Sie als Verlag mir in Ihrem Begleitbrief weismachen wollen, Steadman sei **ein Christ von seltener Genialität**. Ich bilde mir über solche Dinge gern meine eigene Meinung. Ich weiß nicht genau, was das Gegenteil von »Genialität« ist, aber was immer es ist, dass Steadman über diese Eigenschaft verfügt, dürfte feststehen. Durch eine gewaltige Willensanstrengung und rein aus Pflichtgefühl habe ich es tatsächlich geschafft, dieses Buch bis zum Ende zu lesen. **Eine herkulische Leistung!** Es ist absoluter *Müll!* Meine Empörung nahm stetig zu, während ich mich durch den negativen Sumpf dieses grauenhaften Buches kämpfte. So außer mir war ich, dass ich hinterher das Manuskript Seite für Seite in den Kamin steckte, und **als Steadmans Worte vor meinen Augen aufloderten, konnte ich endlich Frieden finden.** Bitte beachten Sie, dass ich nicht den Wunsch habe, noch weitere Bücher der inkompetenten Scharlatane zu rezensieren, die für Ihr Haus schreiben. Dies ist mein letzter Brief an Sie, und **ich werde Kopien an alle meine Freunde verschicken**, um sie davor zu warnen, sich mit einem Verlag einzulassen, der sich nicht entblödet, **eine so unglaubliche Eruption** dummen Gefasels zu veröffentlichen.

Alec Delve – Maidstone

Das letzte Erfordernis ist ein starker, verlockender Einstieg von einem oder zwei Absätzen, um den Blick des potenziellen Lesers zu fesseln. *Zweifel zerstören* fing folgendermaßen an:

»Von der riesigen goldgelben Himmelskuppel brannte die Sonne erbarmungslos nieder auf das Metall der Eisenbahnschienen, an die ich mit Händen und Füßen gefesselt war. Unter Hohngelächter und Freudengeheul waren die Angehörigen des kriegerischen Aswari-Stammes auf ihren Kamelen in die ewige, gnadenlose Wüste davongeritten und hatten mich allein und hilflos zurückgelassen. Nun wurde die lange Stille, die nach ihrem Verschwinden eingetreten war, durchbrochen vom Schnaufen und Dröhnen einer riesigen Dampflokomotive, die unerbittlich durch die dünne Wüstenluft in meine Richtung rollte. Keine Chance, dass der metallene Riese rechtzeitig zum Stillstand kommen würde, selbst wenn der *Gobadi* oder Lokführer wach genug war, meinen hilflosen Körper durch die vor Hitze flimmernde Luft auszumachen. Verzweifelt versuchte ich mich schreiend bemerkbar zu machen, doch meine schwächlichen Rufe wurden durch das Donnern des nahenden Ungeheuers zu Fetzen zerblasen. Das Einzige, was zwischen mir und dem sicheren Tod stand, war mein Glaube an einen Gott, der Wunder tun kann.

›Hilf mir!‹, schrie ich heiser aus meiner von der trockenen Luft ausgedörrten Kehle. ›Hilf mir, Gott!‹

Keine dreißig Meter mehr entfernt, folgte das Ruß speiende Ungeheuer donnernd dem einspurigen Gleis. Ich kniff meine Augen fest zu und wartete auf das ab-

rupte Ende. Jetzt konnte mich gewiss nichts mehr
retten ...[5]

Ich war hierher ins Zentrum der Wüste Gobi gekommen als Mitglied eines Missionsteams, dessen Aufgabe
die Übersetzung und Verteilung usw. usf.«

So einen Einstieg brauchen Sie. Natürlich müssen Sie dann
noch den Rest des Inhalts schreiben. Das mag sich nach
einer ermüdenden Plackerei anhören, aber es muss nun
einmal eine bestimmte Anzahl von Seiten gefüllt werden,
ehe das Ergebnis zutreffend als »Buch« bezeichnet werden
kann. Aber womit Sie sie füllen, spielt eigentlich keine Rolle.
Tippen Sie einfach etwas ein und schicken Sie es ab. Solange
Sie das Cover und die ersten paar Absätze richtig hinbekommen haben, kann Ihnen nichts passieren.

Gemeindelebenskunst und Dichtung

Vielen Dank an Steadman für diese Beiträge. Soviel ich
weiß, hat sich dieser große Gemeindelebenskünstler noch
nie an Dichtung versucht, doch in den frühen Achtzigerjahren hat sich Jerome Sandman, der in unserem alten Institutsquartier in Frome in Kreativer Gemeindelebenskunst
ausgebildet wurde, auf Gemeindeveranstaltungen und Festivals einen beachtlichen Namen als Dichter gemacht. Die Ge-

---

5 Vergessen Sie nicht, das Ende Ihrer einleitenden Geschichte irgendwann später im Buch zu offenbaren, und sei es nur in groben Zügen. In
diesem Fall griff ich auf einen idiotensicheren alten Trick zurück. Das
Ganze erwies sich als ein merkwürdiger, aber bedeutsamer Traum. Das
ist bei den meisten meiner spektakuläreren Geschichten der Fall.

dichte, die er schrieb und vortrug, waren, wie er selbst im privaten Gespräch zugab, zufällig zusammengewürfelt und vollständig sinnfrei; doch seine Gewohnheit, in Boxershorts und Boxhandschuhen aufzutreten und sein Make-up und seine Frisur so zu gestalten, dass er dem einstigen britischen Schwergewichtsmeister Joe Bugner (*siehe Abbildung*) so ähnlich wie möglich sah, hatte etwas unnachahmlich, schockierend Bizarres an sich. Dazu kam, dass sein Vortragsstil so eindringlich und düster-bedeutsam war, dass das christliche Publikum ihm gebannt lauschte und manches Mal von seinen Lesungen zutiefst bewegt war. Hier ist eine Probe seiner Arbeit. Das Gedicht trägt den Titel »Refrain, erblasst und antiquiert«.

Refrain, erblasst und antiquiert,
du hast den blauen Schmerz verschlungen
und hast das Lügenband geschlungen
siebenfach um das Schneegeviert.

Von perlschimmernden Feldern her
dringt über Belgiens Schreckgesichter
das Zucken greller Sternenlichter
durch rote Nacht bis hin zum Meer.
Fürchte den Regen, scheu den Dorn,
bleib fern von den verseuchten Teichen,
und gibt ein Engel dir ein Zeichen,
so beuge dich des Raben Zorn.

Ich weiß von Sandman selbst – und sehe keinerlei Grund, an seiner Behauptung zu zweifeln –, dass diese lächerliche Aneinanderreihung von Wörtern seine Zuhörer regelmäßig zu Tränen rührte. Eine Frau sagte ihm, nachdem sie es gehört habe, habe sie zum ersten Mal den Zusammenhang von Prädestination und freiem Willen richtig verstanden. Ein anderer Zuhörer spendete spontan einen Pooltisch für die Seemannsvereinigung.

Eine Stilrichtung christlicher Lyrik, an der sich wohl fast jeder Gemeindelebenskünstler erfolgreich versuchen kann, ist die sogenannte Gegensatzliste, oder kurz GSL. Hierzu ist lediglich erforderlich, dass jede Zeile einen irgendwie gearteten Gegensatz enthält. Ein solches Gedicht kann kurz oder lang sein, ganz nach Wunsch. Elaine Broadwater aus Haywards Heath, die ihre beliebten Werke vor Christen in ihrem eigenen Wohnort und im ganzen Bereich von East Sussex vorträgt, hat uns freundlicherweise erlaubt, als Beispiel hier ihr Gedicht »Gott ist« zu zitieren, entnommen aus ihrer Sammlung mit dem Titel *Gedichte von oben, unten, hier, dort, überall und nirgendwo (erhältlich beim Institut für Gemeindelebenskunst zum Preis von acht Pfund fünfzig je Band, einschließlich Porto und Verpackung – siehe Abbildung)*.

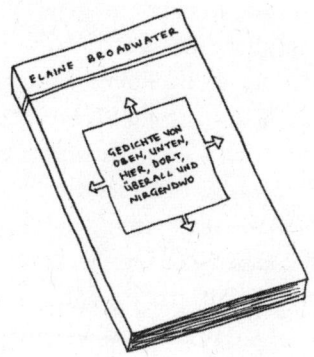

Gott ist das weiche Herz aus Granit
die kalte Glut im Feuer
Er ist die Zukunft der Vergangenheit
die Wahrheit auf des Lügners Zunge.
Gott ist die Weisheit der Toren
die Stille der Gezeiten
der Sommer im Winter
der Demut stolzes Angesicht.
Gott ist die Morgendämmerung zur Nacht
das Lächeln hinter finsterer Miene
der Berg im Tal
der Pfad, der hinab in die Höhe führt.
Gott ist der Sturm, der die Stille einhüllt
der Stern am leeren Himmel
die Stimme, die das Schweigen bricht
das Leben, das niemals erstirbt.
Gott ist der Regen, der die Wüste überflutet
der umsonst bezahlte Preis
der Vogel, der, wo keine Vögel fliegen, fliegt
das Finden des Verlorenen.

Vor der endgültigen Entscheidung, »Gott ist« in diesem Jahresbericht zu veröffentlichen, rief ich Elaine an und gab ihr behutsam (ich wollte ihr ja auf keinen Fall zu nahe treten) zu verstehen, das Gedicht habe vielleicht doch ein wenig zu viel Ähnlichkeit mit einem wirklich guten Gedicht. Sollte man es in einem Bericht veröffentlichen, der ausschließlich von Gemeindelebenskünstlern und -künstlerinnen gelesen wird, die zu Recht mehr Wert auf Effekt als auf Substanz legen? Elaine lachte herzhaft und wies mich darauf hin, sie habe etwa eine halbe Stunde gebraucht, dieses »Gedicht«, so wie es ist, zu schreiben.

»Ich hätte ewig so weitermachen können«, sagte sie. »Schwarz, weiß, klein, groß, flach, tief, Liebe, Hass, man schmeißt einfach alles in mehr oder weniger sinnvoller Reihenfolge zusammen, wirft ein paar Alliterationen ein und bingo! Schon hat man ein Gedicht, fertig zur Veröffentlichung und zum Vortragen. GSL ist ein Kinderspiel. Jeder sollte es mal versuchen.«

Die hohe Kunst der schwammigen Wörter

Für Gemeindelebenskünstler und -künstlerinnen, die sich für *Die hohe Kunst der Kommunikation* interessieren, war es bei der Vorbereitung ihrer Ansprachen und Vorträge schon immer sehr nützlich, dass es eine erhebliche Anzahl »schwammiger« Wörter gibt, die in der Welt der christlichen Kommunikation im alltäglichen Gebrauch sind. Andere haben gezeigt, dass dies auf jeden Fall im Bereich der Chorus- und Choraltexte gilt, doch wie wir sehen werden, ist eine viel umfassendere Anwendung möglich. Die Wörter, mit denen wir es hier zu tun haben, mögen an sich sehr bedeutungsvoll sein, doch bei ihrer Verwendung durch erfahrene Praktiker der Gemeindelebenskunst kann ihr Sinn zum Verschwimmen gebracht und praktisch austauschbar gemacht werden. Einige der nützlichsten Beispiele, die wir schon im Bericht des letzten Jahres veröffentlicht haben, sind hier aufgelistet:

Gnade
Liebe
Gehorsam
Glaube
Wahrheit
Hoffnung
Mut
Ehrfurcht
Demut
Friede

Die bemerkenswert flexible Natur dieser Begriffe lässt sich anschaulich machen, wenn wir uns die Variationen in Sätzen wie dem folgenden genau anschauen:

»Wenn wir die Saat der **GNADE** in dem guten Boden der **LIEBE** ausstreuen und sie mit dem belebenden Regen des **GEHORSAMS** bewässern, werden wir schließlich die reiche Ernte des **GLAUBENS** einbringen.«

Ausgedehnte und lückenlos dokumentierte Experimente haben gezeigt, dass die übergroße Mehrzahl der Gruppen und Gemeinden diese unverhohlen sinnfreie Aussage fraglos akzeptiert, besonders wenn sie mit einem einfachen Diagramm veranschaulicht wird (*siehe Diagramm*). Schließlich

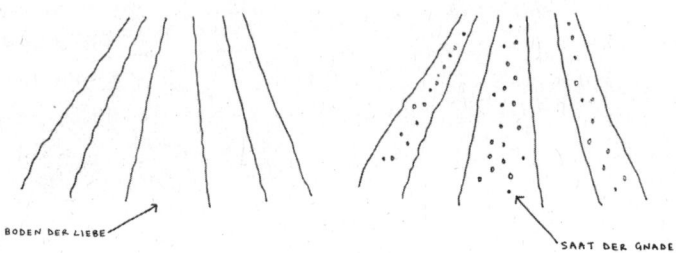

BODEN DER LIEBE

SAAT DER GNADE

ist sie reichlich von Wörtern durchsetzt, die allgemein als »okay« akzeptiert sind, und scheint auch nicht weniger Sinn zu ergeben als das meiste Zeug, das sie zu hören gewohnt sind. Tatsache ist jedoch, dass die Reihenfolge, in der die Schlüsselwörter verwendet werden, wenig bis gar keine Auswirkungen auf die allgemeine Aussage des Satzes hat. Zum Beispiel könnte man sich entscheiden, sie einfach umzudrehen.

> »Wenn wir die Saat des **GLAUBENS** in dem guten Boden des **GEHORSAMS** ausstreuen und sie mit dem belebenden Regen der **LIEBE** bewässern, werden wir schließlich die reiche Ernte der **GNADE** einbringen.«

Nimmt man zwei Wörter heraus und füllt die Lücken mit wahllosen Ersatzwörtern aus der »schwammigen« Liste, so macht das nicht den geringsten Unterschied, außer dass dadurch der Gemeindelebenskünstler oder die Gemeindelebenskünstlerin in der Lage ist, (wahrheitsgemäß) zu behaupten, er oder sie verkünde etwas Neues.

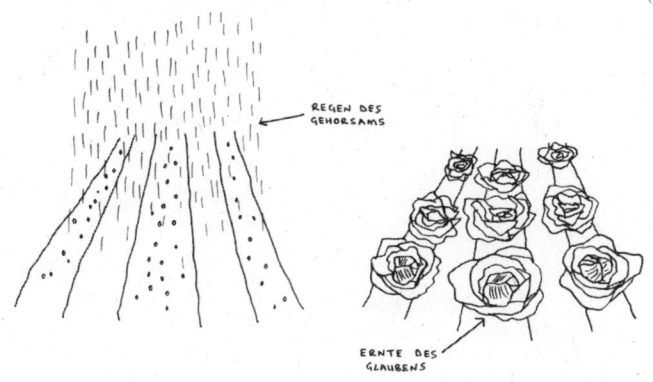

REGEN DES
GEHORSAMS

ERNTE DES
GLAUBENS

»Wenn wir die Saat des **GLAUBENS** in dem guten Boden der **DEMUT** ausstreuen und sie mit dem belebenden Regen der **HOFFNUNG** bewässern, werden wir schließlich die reiche Ernte der **GNADE** einbringen.«

Natürlich werden wir das. Und selbst wenn wir alle vier Wörter austauschen, wird dieser Teich verbaler Undurchsichtigkeit so still und unbewegt bleiben wie eine dunkle Glasscheibe.

Schauen Sie sich unser letztes Beispiel an:

»Wenn wir die Saat der **WAHRHEIT** in dem guten Boden der **EHRFURCHT** ausstreuen und sie mit dem belebenden Regen des **MUTES** bewässern, werden wir schließlich die reiche Ernte des **FRIEDENS** einbringen.«

Tiefgang servierfertig und bei richtiger Anwendung ein wertvoller Ersatz für zeitraubende kreative Bemühungen im hektischen Leben des Gemeindelebenskünstlers.

Es lohnt sich vielleicht hinzuzufügen, dass Victor Stone aus Newmarket berichtet, er habe *alle zehn* Wörter aus unserer Liste in einem Satz verwendet und dafür, wie er sagt, nicht nur jede Menge ernstes Nicken und gemurmelte verbale Zustimmung geerntet, sondern sogar auch einen Applaus. In Stones Vortrag, bei dem er jedes Schlüsselwort an den Fingern abzählte, als arbeite er sich Schritt für Schritt durch ein kompliziertes, aber hochinteressantes mathematisches Problem, nahm der Satz diese Form an:

> »Wenn **GNADE** und **LIEBE** durch den **GEHORSAM** bestätigt werden, stellen wir fest, dass unser **GLAUBE** die **WAHRHEIT** erfasst, sodass **HOFFNUNG** und **MUT** die **EHRFURCHT** entwickeln können, die zur **DEMUT** führt und schließlich den **FRIEDEN** erlangt.«

Stone hat hier sehr gute Arbeit geleistet, und selbst in einem so langen Satz sehen wir wieder, dass die Schlüsselwörter praktisch austauschbar sind und, wie Sie sehen werden, hervorragend hin und her geschoben werden können.

> »Wenn **FRIEDE** und **DEMUT** durch die **EHRFURCHT** bestätigt werden, stellen wir fest, dass unser **MUT** die **HOFFNUNG** erfasst, sodass **WAHRHEIT** und **GLAUBE** den **GEHORSAM** entwickeln können, der zur **LIEBE** führt und schließlich die **GNADE** erlangt.«

Victor Stone war es auch, der darauf hinwies, dass die Erfindung *neuer* Wörter für den Gebrauch in Gemeindekreisen mit der Anwendung des Judo verglichen werden könnte, jenem Kampfsport, bei dem das Gewicht und die Wucht des Angriffs des Gegners genutzt werden, um ihn zu überwinden. Stones Aussage, die einen für Gemeindelebenskünstler geradezu unbehaglich tiefen Sinn hat, ist die, dass in der modernen Gemeinde bereits die Tendenz besteht, religiöse und sogar auch normale Verhaltensweisen in subkulturelle verbale Kapseln zu zwängen. So kann es durchaus passieren und ist auch schon passiert, dass wir Lobpreisleiter ankündigen hören, Gott werde sich im Gottesdienst in Kürze »verpräsenzen«.

Stone hat seine eigene Liste ähnlich neuartiger Wörter zusammengestellt und sie nun auch unseren Mitgliedern zur Verfügung gestellt (*die vollständige Liste ist erhältlich beim Institut für Gemeindelebenskunst zum Preis von zwei Pfund einschließlich Porto und Verpackung*). Victor Stone betont, dass die Einführung dieser neuen Begriffe in den Wortschatz einer kirchlichen Gemeinschaft ohne Scheu und mit größtem Selbstbewusstsein erfolgen muss. Idealerweise sollten die Gemeindeglieder den Eindruck bekommen, sie seien es, die auf dem Gebiet der geistlichen Ausdrucksformen im Rückstand seien, während der Gemeindelebenskünstler oder die Gemeindelebenskünstlerin lediglich Begriffe verwendet, die in einer jener großen Londoner Gemeinden, von denen offenbar alle neuen Bewegungen und so ausgehen, zum ganz normalen Sprachgebrauch gehören.

Stones Vorschläge, hier zum besseren Verständnis in ihrem angemessenen Kontext wiedergegeben, sind am besten im blumig-volltönenden Tonfall moderner Lobpreisleiter vorzutragen.

Der Herr ruft all diejenigen unter uns, die nicht jede Woche in den Gottesdienst kommen, dazu auf, ihre *Verbindlichwerdung* zu *verfülligen*.

Heute Morgen werden wir die *Neuvereigentumung* seines Volkes durch den Herrn feiern.

Herr, wir beten um *Andauerndwerdung* in der *Verpfingstlichung* deiner Gemeinde.

Wir neigen unsere Häupter und gehen nun über in eine Zeit der *Bekenntniskundmachung*. Lasst uns vor Gott treten und ihn voller Zuversicht darum bitten, unsere *Freigesprochenwerdbarkeit* zu bestätigen.

Lasst uns versuchen, ob die *Innewohnendheit* des Lobpreises zu einer *Innefließung* der Freude führt.

Die Macht des Selbstbewusstseins

Selbstbewusstsein ist enorm wichtig. Darley Jameson, einer der großen Gemeindelebenskünstler der Vergangenheit, vertrat nachdrücklich die Auffassung, nahezu jede Aussage oder Ansicht werde von einem kirchlichen Publikum oder einer Gemeinde akzeptiert, solange sie nur mit ausreichender Selbstgewissheit vorgetragen werde. Als ich noch ein junger Mann war, sagte er mir, er habe zwei gänzlich unterschiedliche Ansprachen, die er verwendete, wann immer man ihn bat, über das Buch der Offenbarung zu predigen. Die Einstiegssätze dieser Ansprachen, erklärte er mir, müssten mit einer deklamatorischen, leicht gereizten Intensität vorgetragen werden, die ahnen ließ, welche hart erkämpften Siege in theologischen und intellektuellen Debatten in der Vergangenheit dahinterstünden, und keinerlei Raum für Widerspruch ließ. Die erste begann mit den folgenden Worten:

»Das Buch der Offenbarung handelt *nicht* vom Gericht, und lassen Sie sich bitte nicht in die Irre führen von jenen, die Ihnen aus ihren eigenen höchst fragwürdigen Beweggründen weismachen wollen, es wäre so.«

Die zweite begann so:

»Das Buch der Offenbarung handelt *von nichts anderem* als vom Gericht, und lassen Sie sich bitte nicht in die Irre führen von jenen, die Ihnen aus ihren eigenen höchst fragwürdigen Beweggründen weismachen wollen, es wäre nicht so.«

Von da an, sagte Jameson, waren seine Zuhörer Wachs in seinen Händen, selig in dem Glauben, endlich jemanden zu hören, der wusste, wovon er sprach, und sich nicht von der Wahrheit abbringen lassen würde durch die Machenschaften jener nicht näher benannten, aber bedrohlichen Gruppe von Leuten, die ihre Zeit mit dem Versuch verbrachten, aus ihren eigenen höchst fragwürdigen Beweggründen jedermann in die Irre zu führen. Jamesons Herangehensweise hier ist ein unverzichtbares Werkzeug für den viel beschäftigten Gemeindelebenskünstler. Es gibt nur wenige noch bessere Möglichkeiten, eine Aussage glaubhaft zu machen, als eine imaginäre Armee fehlgeleiteter, böswilliger oder dummer Menschen heraufzubeschwören, die den gegenteiligen Standpunkt vertreten, und sie dann mit vernichtender Kritik zu überziehen. Der hier zitierte Satz, den Jameson selbst vorgeschlagen hat, ist fast universell einsetzbar. Vervollständigen Sie einfach das Ende des Satzes mit der gegensätzlichen Ansicht zu der, die Sie propagieren möchten.

»Seien Sie wachsam und auf der Hut, denn zweifellos werden Leute kommen und Ihnen einzureden versuchen, dass ...«

Jamesons Auffassung vom Wert selbstbewusst vorgetragener Behauptungen wird von Gemeindelebenskünstlern und -künstlerinnen aller Altersgruppen und Erfahrungsstände bestätigt. Mein eigener Onkel Dexter Caplin, inzwischen Anfang achtzig und immer noch auf Teilzeitbasis begeistert dabei, eine kleine Gemeinde in Dartford zu sabotieren, hat einen sehr nützlichen Rat dazu.

»Ich denke immer an die Trauzeremonie und den Teil, wo der Pfarrer sagt: ›Was Gott zusammengefügt hat, das soll der Mensch nicht scheiden.‹ Das ist genau der Tonfall, den man in die betreffende Aussage hineinlegen muss. Nehmen Sie den folgenden Satz als Beispiel:

Offen gesagt, ich *mache* keine Stille Zeit.

Mit der richtigen Mischung aus Kühnheit und gerechtem Trotz ausgesprochen, ist es möglich, durchblicken zu lassen, in diesem Bereich seien große Probleme bereits gelöst und umfangreiche Fragen längst geklärt. Der Sprecher, so scheint dies anzudeuten, ist zu einer anderen, verfeinerten Dimension geistlichen Lebens übergegangen, die freilich Leute, die noch unter der bleiernen Bürde täglichen Gebets und Bibelstudiums ächzen, unmöglich begreifen können.

Hier sind einige Ausdrucksformen, mit denen ich in der Vergangenheit große Erfolge erzielt habe. Meine Zeit ist fast vorüber, aber ich gebe mich gern der Hoffnung hin, dass neue Generationen von Gemeindelebenskünstlern und -künstlerinnen den Stab von mir übernehmen werden (natürlich nicht ohne ihn von Zeit zu Zeit strategisch fallen zu lassen).

(a) Ich muss Ihnen mit zutiefst gemischten Gefühlen schmerzlicher Traurigkeit und, ja, auch mit einer eigentümlichen Art bebender Freude sagen, dass ich Dritte-Welt[6]-Projekte nicht mehr unterstützen kann. (*Vollkommen unerklärlich, aber wirkungsvoll, hat diese lächerliche Aussage den unglaublichen Effekt, anzudeuten, indem ich Dritte-Welt-Projekte nicht unterstütze, handele ich verantwortungsbewusster und gehorsamer, als wenn ich es tue!*)

(b) Ich für mein Teil weigere mich, Außenstehende einzuladen, solange wir nicht wirklich begriffen haben, was es bedeutet, Innenstehende auszuladen. (*Erstaunlich eindrucksvoll und scheinbar sehr tiefsinnig; aber gehen Sie lieber, bevor Fragen gestellt werden können, oder aber begegnen Sie ihnen mit bekümmertem, würdevollem Schweigen, so als wäre die Banalität der Frage eine Beleidigung für die Tiefe des Gedankens.*)

(c) Schön, wir können entweder mit dem lebenden, atmenden Wort Gottes ringen, oder wir können daraus eine Griechischlektion für Anfänger machen. Ich weiß, Sie werden mir verzeihen,[7] wenn ich sage, dass

6 Gemeindelebenskünstler sollten der Dritten Welt zutiefst dankbar sein. In fast jeder vorstellbaren Situation lassen sich durch die Verwendung eines einfachen Satzes Punkte machen und unerwünschte Richtungen umkehren: »Was bedeutet das alles, verglichen mit der chronischen Armut und Krankheit in der Dritten Welt?« Der Satz ist unschlagbar.

7 Man beachte Onkel Dexters instinktive Anwendung der *Aggressiven Entschuldigung*. Siehe den diesbezüglichen Abschnitt.

ich weiß, wo mein Herz schlägt. (*Sehr nützlich, wenn jemand Sie gerade durch einen Verweis auf die ursprüngliche Bedeutung des Textes widerlegt hat. Bedenken Sie jedoch stets, dass Sie in anderen Situationen vielleicht leidenschaftlich von ›einer gefährlich naiven Sicht der Schrift‹ sprechen müssen, die ›sich scheut, Gebrauch von den Werkzeugen des Wissens und des Verstandes zu machen, die Gott uns zur Verfügung gestellt hat‹. Für jeden Topf einen Deckel, wie man so schön sagt.*)

(d) Ich werde nicht die Bibel / die Gemeinde / den Pastor / das Gebet / die Evangelisation / das soziale Handeln / den Zehnten / die Gemeinschaft zur dritten Person der Dreieinigkeit machen. Ich *weigere* mich, das zu tun! (*Wählen Sie aus oder setzen Sie ein, was immer oder wer immer mehr Wichtigkeit und Bedeutung zu erlangen droht, als Ihnen persönlich lieb ist. Der Vortragsstil sollte irgendwo zwischen Billy Graham und Martin Luther King liegen. Das wird dem Quatsch garantiert ein Ende machen oder ihn zumindest hinauszögern.*)«

Die Masche mit dem verworfenen Konzept

Gemeindelebenskünstler oder -künstlerinnen, die es vergessen oder versäumt haben, sich auf eine Ansprache oder Predigt vorzubereiten, werden begierig sein, sich dieses höchst wirkungsvolle Manöver zunutze zu machen, nicht zuletzt deshalb, weil sie sich damit in ein noch besseres Licht stellen können, als wenn sie sich gewissenhaft Wort für Wort vorbereitet hätten. Die Ausführung ist genial einfach.

Wenn es Zeit ist, dass Sie mit Ihrer Ansprache beginnen, treten Sie mit einem dicken Stapel Notizen ans Rednerpult und blättern Sie, nachdem Sie ihn vor sich hingelegt haben, kurz durch die Seiten, als wollten Sie ein letztes Mal überprüfen, ob alles da und in der richtigen Reihenfolge ist. Nachdem Sie den Kopf geneigt und scheinbar ein stilles Gebet gesprochen haben, heben Sie den Blick und schauen Sie die Versammelten mit einem Ausdruck beunruhigter Inspiration an (*siehe Abbildung*). Während Sie nun mit der einen Hand Ihre Notizen ergreifen und zur Seite legen, heben Sie mit der anderen eine Bibel auf Brusthöhe und wenden Sie sich mit den folgenden oder ähnlichen Worten an die Gemeinde, in einem Tonfall, der zwar gemessen ist, aber offensichtlich einen vom Geist hervorgerufenen Eifer verbirgt.

»Guten Morgen, liebe Gemeinde. Sie sind hier. Ich bin hier. Meine Predigt (*Ansprache / Botschaft / Verkündigung / Vortrag*) ist dort drüben. Der Vortrag (*Verkündigung / Bot-*

schaft / Ansprache / Predigt), den ich während der vergangenen Woche viele Stunden lang für Sie vorbereitet habe, ist vielleicht sehr gut. Möglicherweise ist er auch äußerst schlecht. Ich vermute, wahrscheinlich wird er wohl ziemlich durchschnittlich sein. Sei dem wie auch immer, Sie und ich sind nicht die Einzigen, die heute Morgen in dieser Kirche (*Schule / Kapelle / Wohnzimmer / Feld / Halle / umgebauten Fabrik*) anwesend sind. Gott ist ebenfalls hier, und ich muss Ihnen sagen, liebe Freunde, dass ich glaube, er sagt mir, während ich hier vor Ihnen stehe, dass die Verkündigung (*Botschaft / Ansprache / Predigt / Vortrag*), die ich mitgebracht habe (*deuten Sie noch einmal auf den Stapel Papier*), nicht die Lektionen enthält, die er uns heute Morgen lehren möchte. Er möchte, dass ich sie zur Seite lege und Ihnen stattdessen eines der bewegendsten, poetischsten und – ja – herausforderndsten Kapitel im ganzen Neuen Testament vorlese.[8] Der erste Brief des Paulus an die Korinther, Kapitel dreizehn, ich lese ab Vers eins. (*Beginnen Sie in mitreißendem, feierlichem Tonfall mit einer Spur wehmütiger Süße zu lesen.*)

---

[8] Mostyn Deal (siehe den Abschnitt über *Die hohe Kunst der unsignierten Grußkarten*) verbrachte einmal zwei Wochen damit, dieses ganze Kapitel Wort für Wort auswendig zu lernen, bevor an dem nächsten Sonntag, an dem er in seiner Gemeinde sprechen sollte, die *Masche mit dem verworfenen Konzept* anwandte. »Hinterher«, berichtet Mostyn, »als die Leute mir sagten, wie wunderbar das gewesen sei, machte ich ein leicht benommenes und verwirrtes Gesicht und sagte, ich könne mich überhaupt nicht daran erinnern, dass das passiert sei, und lachte über den bloßen Gedanken, ich könnte einen so langen Bibeltext auswendig hersagen. Danach nahmen sich Jesaja und Mostyn Deal nicht mehr viel. Ich glaube, vielleicht lag ich sogar um eine Nasenlänge vorn.«

»Wenn ich mit Menschen- und mit Engelszungen redete und hätte die Liebe nicht, so wäre ich ein tönendes Erz oder eine klingende Schelle usw. ...«

Nachdem Sie die Lesung beendet haben, klappen Sie mit angemessen würdevollem Gestus Ihre Bibel zu, schließen Sie sie nebst Ihren Notizen in die ehrfürchtig vor der Brust verschränkten Arme und kehren Sie mit geneigtem Haupt zurück zu Ihrem Sitzplatz unter den anderen Gemeindegliedern.

Die Vorzüge dieses Manövers sind vielschichtig. Nicht nur hat sich der Gemeindelebenskünstler als wagemutig und gehorsam genug erwiesen, um eine Ansprache beiseitezulegen, mit deren Vorbereitung er viele Stunden verbracht hat, sondern er besitzt auch ein so waches Gespür für den Heiligen Geist, dass er genau heraushören kann, was Gott an diesem Morgen zu den hier Versammelten zu sagen hat. Ein schönes Ergebnis.

Wir vom Institut für Gemeindelebenskunst sind uns natürlich der Tatsache bewusst, dass in solchen Dingen Authentizität gefordert ist, und zu diesem Zweck haben wir unsere eigenen Sets mit (scheinbar) handgeschriebenen Ansprachen auf passend zerknitterten, mit Streichungen und Fußnoten versehenen Papierstapeln verschiedener Dicke produziert. Erhältlich sind folgende Titel:

Vorstoß und Rückzug im Pentateuch – eine Einführung.
Maleachi – der Zusammenhang zwischen Verheißung und Streit
Die Wiederherstellung der geistlichen Konsistenz – eine Zusammenfassung zu Zefanja

Wolken, Höhepunkte und Wiederherstellung – die Kernaussage von 2. Chronik 5

Emission und Retention – die wahre Aussage von Johannes 3,16

Ahnungen der Reinheit – Sinnfrage und Friedensstifter in den ersten beiden Evangelien

Alle Titel sind eigens darauf angelegt, den Eindruck zu erwecken, sie verfügten über einen Inhalt, der aus eifrigem intellektuellem Forschen und leidenschaftlicher Auseinandersetzung mit der Schrift hervorgegangen sei, und sind ab sofort beim Institut erhältlich (*zum Preis von zwölf Pfund fünfzig pro Stapel einschließlich Porto und Verpackung – siehe Abbildung*).

Dritter Teil:
Stars in der Welt
der Gemeindelebenskunst

In diesem Abschnitt würdigen wir das Werk von Personen, die die Gemeindelebenskunst auf neue Höhen des Einfallsreichtums und der Wirksamkeit geführt haben. Von wem ließe sich besser lernen als von diesen außergewöhnlich begabten Stars?

Jeremy Crown-Carstairs — Die Kunst, Chorusse mit Bewegungen zu vermeiden

Es ist schon viel Nützliches über die entscheidende Frage gesagt worden, wie man die aktive Teilnahme an jeglichen Aktivitäten vor der Gemeinde vermeidet, wie zum Beispiel an Liedern und Chorussen, die mit peinlichen Bewegungen oder Gesten verbunden sind. In dieser Hinsicht hat noch niemand den Stier so tollkühn bei den Hörnern gepackt wie Jeremy Crown-Carstairs, ein längjähriger bewährter Gemeindelebenskünstler (der, wie er selbst trocken hinzufügt, nichts mit seinen Armen und Beinen anstellt, solange er ein Wörtchen dabei mitzureden hat). Wann immer Crown-Carstairs, wie es häufig geschieht, in eine neue Gemeinde wechselt, legt er Wert darauf, darum zu bitten, an seinem dritten oder vierten Sonntag die Lobpreisleitung übernehmen zu dürfen, da er, wie er behauptet, »ein ganz tolles Lied« kenne, bei dem »alle mitmachen können«. Der Text dieses grauenhaften Liedes ist hier wiedergegeben und steht jedem akkreditierten Gemeindelebenskünstler frei zur Verfügung (*erhältlich beim Institut für Gemeindelebenskunst zum Preis von zwei Pfund je Exemplar einschließlich Porto und Verpackung – siehe Abbildung*). Eine bestimmte Melodie wird nicht dazu vorgeschlagen, doch Crown-Carstairs weist zu Recht darauf hin, dass im gemeindlichen Äther jede Menge Allzweckmelodien herumschwirren. Da ihr Stil irgendwo zwischen Pantomimenliedern und Anbetungschorussen liegt, darf man wohl davon ausgehen, dass mindestens eine davon einigermaßen zu dem Text passen dürfte.

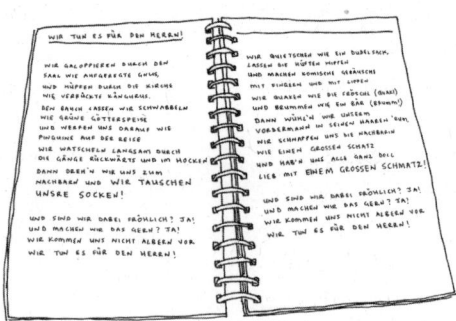

Wir galoppieren durch den Saal wie aufgeregte Gnus
und hüpfen durch die Kirche wie verrückte Kängurus
den Bauch lassen wir schwabbeln wie grüne Götterspeise
und werfen uns darauf wie Pinguine auf der Reise
wir watscheln langsam durch die Gänge, rückwärts und im Hocken
dann dreh'n wir uns zum Nachbarn und
WIR TAUSCHEN UNSRE SOCKEN!

Und sind wir dabei fröhlich? Ja!
Und machen wir das gern? Ja!
Wir kommen uns nicht albern vor
wir tun es für den Herrn!

Wir quietschen wie ein Dudelsack, lassen die Hüften
wippen
und machen komische Geräusche mit Fingern und
mit Lippen
wir quaken wie die Frösche (quak!) und brummen
wie ein Bär (brumm!)
dann wühl'n wir unserm Vordermann in seinen
Haaren 'rum.
Wir schnappen uns die Nachbarin wie einen großen
Schatz
und hab'n uns alle ganz doll lieb mit EINEM GROSSEN
SCHMATZ!

Und sind wir dabei fröhlich? Ja!
Und machen wir das gern? Ja!
Wir kommen uns nicht albern vor
wir tun es für den Herrn!

Jetzt tanzt zusammen Dick und Dünn, habt keine
Angst, nur Mut
wir schlagen unsre Bibel auf und tragen sie als Hut
wir klettern auf die Stühle und tun so, als wär'n wir Affen
die Hosen hochgekrempelt, um die Knie zu begaffen
und, wenn alles vorbei ist, das wäre ja gelacht
wird jeder Griesgram durchgekitzelt, DER NICHT
MITGEMACHT!

Und sind wir dabei fröhlich? Ja!
Und machen wir das gern? Ja!
Wir kommen uns nicht albern vor
wir tun es für den Herrn!

Einmal habe ich zu Studienzwecken einen dieser Gottesdienste in der Baptistengemeinde North Worthing besucht
(*selbstverständlich umfassend geschützt durch das mit dem Ge-
meindelebenskunst-Gütesiegel versehene Krücken-, Gips und Ver-
bandsset – ausleihbar beim Institut gegen eine Gebühr von sieben
Pfund pro Tag – siehe Abbildung*). Ich konnte nur staunen
über die Wirkung dieses Liedes, vorgetragen mit ansteckender
der Begeisterung und sportlicher Höchstleistung von Crown-
Carstairs, der im Normalzustand bekanntlich kaum bei Bewusstsein und körperlich dem Tode nahe ist. Am Ende des
Liedes war es, als wäre der Gemeindesaal von einer schreck-
lichen Naturkatastrophe heimgesucht worden. Eine kleine

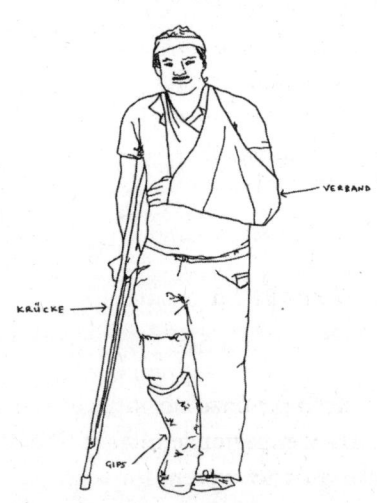

Anzahl grinsender Personen mit glasigem Blick hatten alle Bewegungen vollzogen oder es zumindest versucht, doch die meisten Leute klammerten sich aneinander wie die Überlebenden der *Titanic* und versuchten sich bleich und zitternd von dem Schock zu erholen, dass andere Leute versucht hatten, ihnen die Socken auszuziehen, ihre Hosen hochzukrempeln, ihnen einen dicken Schmatz aufzudrücken oder sie durchzukitzeln, weil sie nicht mitgemacht hatten.

Ein junger Mann, lang und schlaksig und mit einem Anzug bekleidet, dessen Ärmel und Hosenbeine ein wenig zu kurz waren, wich rückwärts zur Hintertür hinaus zurück und rannte dann über den Parkplatz davon in die Ferne, in einem Laufstil, der an Forrest Gump erinnerte. Wie ich höre, ist er dann kurz darauf Presbyterianer geworden.

Aus Crown-Carstairs' Sicht war das Ganze ein glänzender Erfolg. Versteht sich, dass er nie wieder gebeten wurde, das gemeinsame Singen zu leiten, und er durfte auf seinem Platz hingelümmelt sitzen bleiben, wenn andere Leute Chorusse anleiteten, bei denen die Leute mit Bewegungen mitmachen sollten. Niemand wollte das Risiko eingehen, die Bestie in Crown-Carstairs ein zweites Mal zu wecken.

Extreme Maßnahmen, aber Gemeindelebenskunst der besten Art.

Julius Butterfield – Die Kunst des Expertentums

Butterfield, der noch nie dazu neigte, seine bescheiden geäußerten Ansichten oder pastoralen Ratschläge denjenigen vorzuenthalten, die zu naiv waren, um ihn zu durchschauen, oder zu krank oder gehbehindert, um zu fliehen, bevor er ihnen in den Weg treten konnte, wurde manchmal gefragt, ob er ein ausgebildeter oder ordinierter Geistlicher sei. Seine Antwort darauf war ein Triumph der dualen Kommunikation.

»Was!«, pflegte er mit einem bestürzten Kopfschütteln hervorzustoßen, während seine Miene etwas schockiert über den Gedanken wirkte, dass er so etwas Abwegiges und Kurioses überhaupt in Erwägung ziehen könnte. »Lieber Himmel, nein.«

Wie ist es möglich, in ein und demselben Moment in einem schlichten Satz aus drei Wörtern sowohl Demut als auch Hohn auszudrücken? Butterfield brachte es auf bewundernswerte Weise fertig. Jedenfalls schien sein Tonfall zu implizieren, dass ein so unwichtiger und gewöhnlicher Mensch wie er sich doch niemals ernsthaft zu solchen Höhen der Verantwortung und Autorität aufschwingen könnte. Zugleich jedoch lag darin eine subtile, aber unmissverständliche Andeutung, dass so eine langweilige formale Ausbildung nur dazu geführt hätte, die Spontaneität und reiche Ausdruckskraft von Butterfields unschätzbarem Wirken für die Gemeinde zu ersticken. Da war es doch besser, schien er zu sagen, ein bescheidener, aber begabter Amateur zu bleiben und dafür den Leuten wirklich von Nutzen sein zu können.

Wir können und sollten eine Menge von Butterfield lernen. Sein geschickter und bahnbrechender paralleler Gebrauch des Mienenspiels und des gesprochenen Wortes ist eine Lektion und Inspiration für uns alle. Ich erinnere mich zum Beispiel noch gut an einen Morgen in einem Gemeindesaal in Staines, wo ihm eine Sachfrage zu einem bestimmten Aspekt der Kirchengeschichte gestellt wurde. Nun war freilich Butterfields Unwissenheit auf diesem und so ziemlich jedem anderen Fachgebiet profund, doch engagierte Vertreter der Gemeindelebenskunst werden sich von solchen unwesentlichen Überlegungen niemals ablenken oder entmutigen lassen. Butterfield handhabte die Situation mit großem Geschick.

»Wissen Sie«, sagte er nachdenklich, nahm seine Unterlippe zwischen die Zähne und starrte mit einem schiefen Lächeln amüsierter Versunkenheit hinauf in die obere linke Ecke des Saals, »ich glaube, auf diese Frage gibt es mehr als eine Antwort.«

Der Eindruck, der dabei entstand, war der, dass Butterfield ein so riesiger Vorrat an möglichen Antworten zugänglich war, dass er sich einfach nicht entscheiden konnte, welche er auswählen sollte. Schließlich wandte er sich einem milde und schüchtern dreinblickenden, gesittet dasitzenden kleinen Mann namens Albert Bidden zu, dessen Kenntnisse über Kirchengeschichte, wie alle wusste, enzyklopädische Ausmaße hatten, und sagte: »Bert, wie sehen Sie das? Würden Sie sich an das Offensichtliche halten?«

Albert Bidden, der, wie ich zuverlässig weiß, noch nie zuvor in seinem Leben als »Bert« angesprochen oder bekannt gewesen war, hielt sich in der Tat bereitwillig, wenn auch leicht stockend, an die offensichtliche und wahrscheinlich einzig mögliche Antwort auf die Frage, die gestellt worden war. Doch es bestand kein Zweifel, dass Butterfield mächtig Punkte gemacht hatte. In den Augen aller Anwesenden hatten er und Albert Bidden sich als Brüder und gleichrangige Gelehrte erwiesen, als zwei Männer, die so unermesslich viel über alles wussten, dass sie sich gegenseitig aushelfen mussten, wenn es darum ging, all dieses Wissen zu einem schlichten, leicht zugänglichen Faktum zu destillieren.

Durham Steadman (1) – Die Kunst des Ausredenerfindens

Eines unserer talentiertesten Mitglieder in den vergangenen Jahren war Durham Steadman (siehe auch den folgenden Abschnitt über *Die Kunst der besonderen Beziehungen*). Er hat der Gemeindelebenskunst eine dramatische und kreative Qualität injiziert, die es zu einem Vergnügen macht, ihn bei seinen Manövern zu beobachten oder davon zu hören. Bei einer Gelegenheit zum Beispiel, als er einer kleinen Dorfgemeinde in einem Winkel der Downs in der Nähe von Alfriston in Sussex angehörte, begegnete Steadman unerwartet an einem Montagmorgen in der malerischen Geschäftsstraße des Dorfes William Burrows, dem Gemeindepfarrer, und das hier wiedergegebene Gespräch, so berichtet er, fand statt, während die beiden Männer an der Delikatessentheke am Ende des Geschäfts anstanden und darauf warteten, das letzte Stück von der hoch gerühmten, köstlichen kalten Steakpastete zu erwerben.

PFARRER: Schön, Sie zu sehen, Durham. (*Freundlich nach einer Pause*) Ich habe Sie gestern in der Kirche vermisst – ist alles in Ordnung?

STEADMAN: (*sieht dem Pfarrer direkt in die Augen und spricht in einem Tonfall, der Kummer, Schmerz und eine gewisse glorreiche Tapferkeit verkörpert*) Ja, William, alles ist in bester Ordnung, und ich möchte im besten Wohlwollen andeuten, dass Sie mich wohl gestern Morgen deshalb in der Kirche vermisst haben, weil Ihre Augen und Ihr Herz gefangen waren hinter den festen, unbeugsamen Gitterstäben einer verarmten Erwartung.

PFARRER: Den festen, unbeugsamen Gitterstäben einer ...?

STEADMAN: (*starrt mit visionärem Gestus in die Ferne*) Gestern Morgen, William, habe ich in einer Kathedrale ange-
   betet, prächtiger als jede, die je mit besudelten Men-
   schenhänden errichtet wurde, wo das Dach über mir eine
   riesige, glänzende Kuppel von funkelndem Azurblau und
   der Teppich unter meinen Füßen eine weiche, unendli-
   che smaragdgrüne Fläche war.

PFARRER: Sie meinen ...?

STEADMAN: (*jetzt richtig in Fahrt*) Wo der Chor aus den
   größten musikalischen Naturtalenten der Schöpfung besteht und seine Bewunderung und Anbetung für ihn
   hinausjubelt, der die sanft hügelige Landschaft geformt
   und dem purpurn-dunstigen Horizont gebot, den Himmel sanft zu küssen.

PFARRER: Sie meinen, Sie waren oben auf den ...?

STEADMAN: Und dort war es, William, dort, wo ein Mann
   laut die Finsternis hinausschreien kann, die in seiner
   Seele wohnt, wo er seine elenden Sünden abwerfen kann
   wie Schlacke auf das fruchtbare, ächzende Land, wo er
   lachen kann vor lauter Freude über die Erlösung und
   seine Fürbitten ausschütten kann für eine Welt, die zer-
   rissen ist und zittert unter der Qual der Trennung von
   Gott – dort war es, sage ich, dass ich spürte, wie mich die
   Essenz des Numinosen erfüllte. Es war, als sei Gott in die
   Sonne selbst eingedrungen, und Scherben des Lichts aus
   jenem leuchtenden Herzen der Liebe seien herabgedrun-
   gen, um mein Herz zu durchbohren und es zu erfüllen.
   Gestern Morgen, William, *war ich* in der Kirche. Meine
   Frage ist: Waren Sie auch dort?

PFARRER: (*kratzt sich am Kopf*) Nun ja, ich dachte, ich wäre
   dort gewesen ...

An dieser Stelle wurde das Gespräch zwischen den beiden Männern vom spontan plätschernden Applaus der anderen Kunden in dem Geschäft unterbrochen, die in dem, was sie gerade getan hatten, innegehalten hatten, um zuzuhören. Steadman, der die Gelegenheit nutzte, um rasch das letzte Stück Steakpastete zu kaufen, hatte ganze Arbeit geleistet. Irgendwie hatte er es geschafft, die methodistische Kirche von Rattlington neben der »Kathedrale des Himmels« wie eine elende, glaubenslose kleine Bruchbude wirken zu lassen.

Tatsächlich war es so gewesen, dass Steadman an jenem Sonntagmorgen zu spät aufgestanden war, um in die Kirche zu gehen, da er vergessen hatte, seinen Wecker zu stellen. Daraufhin war er hinauf zum Butt's Brow gefahren und hatte einen kurzen, gemütlichen Spaziergang hinüber zum »The Eight Bells« in Jevington gemacht, wo er ein paar Kumpels traf, mit denen er in aller Ruhe ausgiebig zu Mittag aß und sich ein paar Bierchen genehmigte, bevor er sich auf den Rücksitz eines Taxis lümmelte und nach Hause fahren ließ.

Es waren immer große Biere. Halbe Sachen hat Durham Steadman nie gemacht.

Durham Steadman (2) – Die Kunst der besonderen Beziehungen

Die Geschichte der Gemeindelebenskunst hat gewissermaßen ihren Höhepunkt im Auftreten derer, die anerkannte Experten auf ihrem eigenen Fachgebiet sind. Wie wir in dem vorigen Abschnitt über *Die Kunst des Ausredenerfindens* gesehen haben, war Durham Steadman ein solcher. Dennoch sind seine Manöver auf dem Gebiet der *Kunst der besonderen Beziehungen* in ihrer exquisiten Subtilität ebenso denkwürdig, wenn nicht noch denkwürdiger.

Ich hatte einmal das Vorrecht, bei einer Gemeindeveranstaltung in Caterham dabei zu sein, bei der Steadman zugegen war. Die Versammlung war (unter anderem) einberufen worden, um die wichtige Frage zu klären, ob die Gemeinde um neunzig Grad gedreht werden sollte, sodass sie mit Blick auf die Seitenwand der Kirche sitzen würde statt mit Blick auf die Stirnwand. Ich wusste, dass Steadman gegen eine solche Veränderung war, da sie automatisch dazu geführt hätte, dass sein Platz in der letzten Reihe viel weiter nach vorne rückte, was für ihn alle möglichen unangenehmen Eventualitäten mit sich gebracht hätte (*siehe Abbildung*).

Wie es seine Art war, saß Durham Steadman ernst und leicht besorgt dreinblickend da, während die anderen einer nach dem anderen ihre Ansichten äußerten. Schließlich wurde deutlich, dass sein Schweigen in dieser Diskussion

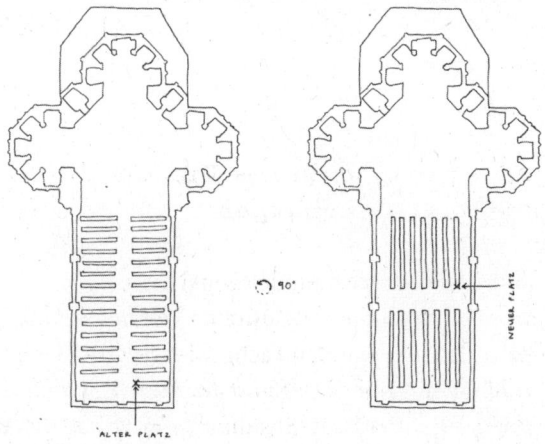

bei den anderen ein Gefühl besorgter Unsicherheit auslöste. Warum hatte Steadman noch nichts gesagt? Warum blickte Steadman so grimmig drein? Was würde Steadman sagen, wenn er denn schließlich das Wort ergriff? Steadman, Steadman, Steadman. In jeder unausgesprochenen Frage schien der Name Steadman widerzuhallen.

Schließlich plätscherte die Situation dahin und verlor sich im Schweigen. Alle Augen ruhten nun auf Steadman, doch er schüttelte nur müde den Kopf und sagte immer noch nichts. Endlich musste wohl der Diskussionsleiter zu dem Schluss gekommen sein, es sei nun Zeit, die Debatte zusammenzufassen, und nun entspann sich, nach meiner besten Erinnerung wiedergegeben, der folgende Dialog.

LEITER: Nun, ich glaube, was die Änderung der Sitzordnung angeht, haben wir nun alle Aspekte erschöpfend diskutiert. Die allgemeine Ansicht hier und in der Gemeinde insgesamt scheint zu sein, dass wir es ruhig einmal versuchen und sehen sollten, wie das funktioniert. Schließlich ... (*hält inne, als Steadman ein schwaches, aber deutlich hörbares seufzendes Ächzen der Niedergeschlagenheit und Bestürzung von sich gibt, und fährt dann unsicher fort*) Mr. Steadman, Sie, äh, Sie haben Ihre Sichtweise noch nicht geäußert. Sind Sie mit dem Gesagten einverstanden, oder ...?

STEADMAN: (*blickt mit einer abrupten Kopfbewegung auf, als sei er überrascht, dass man ihn fragt, bevor er leise und ziemlich düster antwortet*) Tut mir leid! Nun ja, nein, es hat nichts damit zu tun, was ich denke. Meine Ansicht ist unerheblich.

LEITER: Verstehe. Nun, in diesem Fall –

STEADMAN: (*scheint sich mit einer Willensanstrengung zu-*

sammenzureißen und hört sich auf einmal ziemlich muffig,
aber sehr erwachsen an) Okay. Ich werde etwas sagen. Ich
habe mir alle Gesichtspunkte, die hier geäußert wurden,
sehr aufmerksam angehört. Sie sprechen davon, dass die
Gemeinde insgesamt diese Veränderung möchte. Nun,
dazu habe ich eigentlich nur eins zu sagen. Und offen
gesagt, nichts für ungut, aber Sie können das beherzigen
oder es auch lassen, ganz wie Sie wünschen. Diese so
genannte »allgemeine Ansicht«, von der Sie da reden, ist
nicht, ich wiederhole, ist nicht das, was ich von *all den*
Leuten höre, die sich bei mir aussprechen.[9]

Steadmans Genie hat sich nie deutlicher gezeigt als durch
seine Verwendung dieser acht Worte am Ende seiner Rede.
»... *all den Leuten, die sich bei mir aussprechen.*«
Denken Sie über die subtilen Implikationen nach, die in
dieser täuschend schlichten Äußerung enthalten sind. Wer
waren *all* diese Leute? Vermutlich doch Mitglieder der Gemeinde, wenn ihre Ansicht für die soeben stattgefundene
Diskussion eine Rolle spielte. Doch warum sollten sie sich
bei Steadman *aussprechen*? Entdeckt man nicht in diesem
einen Wort die versteckte und doch unüberhörbare Andeutung informeller getroffener und eingehaltener Verabredun-
gen, erbetener und gewährter Ratschläge, einer Zuflucht für
Scharen unzufriedener Leute, die auf den normalen Kanä-
len der Gemeinde kein Verständnis und keine Sympathie zu
finden vermögen, der Schaffung einer herzlichen und für-
sorglichen Umgebung, in der Steadman Gemeindeleben im
wahren Sinne bietet, Gemeindeleben, wie sie es sich immer

9   Kursive Hervorhebung von mir.

ersehnt haben, Gemeindeliebe, wie es immer gedacht war? Gemeindeleben, das eine leuchtende Zuflucht inmitten fehlgeleiteter, hartherziger, nahezu heidnischer Finsternis ist.

Gab es tatsächliche Leute, die sich bei Steadman »aussprachen«? Wie viele taten das? Einer? Zwanzig? Hunderte? So wie Steadman es sagte, hörte es sich nach einem stetigen Strom an. Wie hätte ihm jemand das Gegenteil beweisen können? Niemand konnte das. Steadman trug den Sieg davon. Die Gemeinde schaute weiterhin in dieselbe Richtung wie seit dreißig Jahren, und Steadman konnte wieder friedlich auf seinem fluchtfreundlichen Sitzplatz nahe der Tür dösen.

Edward Fellingham – Die Kunst, ein liebenswerter Kauz vom Lande zu sein.

Viele erinnern sich sicher noch an den verstorbenen Edward Fellingham, der sein Leben lang in Durham zur Kirche ging und in den letzten Jahren ein bewundernswert spitzer, doch unauffälliger Stachel im Fleisch der New-Light-Gemeinde in jener betörend schönen Stadt war. Edward, der in Harrow zur Schule gegangen war, sich jedoch im Kontext seiner gemeindelebenskünstlerischen Aktivitäten eines rauen, ländlichen Akzents befleißigte, betätigte sich sehr geschickt und auf taktisch einschmeichelnde Weise der *Kunst, ein liebenswerter Kauz vom Lande zu sein*. Wenn zum Beispiel über Glauben und Werke debattiert wurde, ließ er sich bissig murmelnd vernehmen: »I hoab koa Ahnung net von Glaube und Wergge, i woaß bloß, der Glaube werggt, dös hoat mer immer g'niegt.«

Am Ende genoss Edward ehrfürchtiges Ansehen als eine Art urtümlicher geistlicher Philosoph und wurde stets nach seinen pragmatischen, bodenständigen Ansichten zu wichtigen Fragen, die sich in der Gemeinde ergaben, gefragt. Hier sind drei Beispiele für Fragen und Antworten, die sich aus seiner Masche mit der *ländlichen Weisheit* entspannen.

F: Was halten Sie von Sex vor der Ehe?

A: Also, mer soll sei Sache net wo hieräume, wo's net hieg'hern, dann hot mer Ordnung im Lebe.

F: Haben Sie jemals Zweifel?

A: Wenn i die Schaf' am Schere un die Box'n am Ausmiste bin (*Boxen? Für Schafe?*), do denk i manchmal, vielleicht wird' i nachher a bisserl zwoafele, oaber wenn i dann drinnen bin un was gesse hoab, do sin Gott und i z'mied um no lang zu streite, also soag i einfach dank recht schön für a guete Tag, Meister, un leg mi aufs Ohr. Des Zwoafele un so – i denk mer, des is woas fer Lait die wo zu fui Zeit hoam.

F: Wer kommt in den Himmel?

A: Gott macht mer a kei Vorschrifte, welche Tier' i behalte un welche i zum Schlachter schigge soll, wieso soll i da ihm des vorschreibe? Dös geht mi nix an. I kümmer mi um mei Kram un er si um seinen.

Edward, der mit Sicherheit in seinem ganzen Leben außer seinem eigenen Kinn nie etwas Lebendiges geschoren oder auch nur einen Mäusekäfig ausgemistet hat, lebte in Wirklichkeit davon, dass er im Internet Aktien kaufte und verkaufte. Er war mit einer umwerfend schönen mexikanischen Señorita namens Ines verheiratet, die ihr Leben in ihrer Achtzimmervilla in Lanchester Valley westlich von Durham damit verbrachte, ihrem Mann jeden Wunsch von den Augen abzulesen.

Für seine sonntäglichen Ausflüge in die Stadt zog sich Edward einen zerknitterten Tweedanzug an, dem zwei Knöpfe fehlten, einen engen, ärmellosen, fadenscheinigen Pullover, der unmittelbar oberhalb seines breiten Ledergürtels endete, und ein Paar schwere schwarze Stiefel, die aussahen, als hätten sie schon den Zweiten Weltkrieg überlebt. Immer hingen ein paar Strohhalme an ihm. Zur Kirche fuhr er mit einem verbeulten alten Lada, und wenn jemand eine Bemerkung über das Auto machte, tätschelte er ihm das Dach, als wäre es ein Pferd, und sagte: »Awoas, dös Madl is genau recht fer mi, die wird's no Jahre mache.« Was vermutlich nicht unrealistisch war, wenn man bedenkt, dass Edward an sechseinhalb von sieben Tagen der Woche vom Vater seiner Frau, Juan Carlos Perrera Domingues, in einem kobaltblauen Bentley durch die Gegend chauffiert wurde.

Edmund Clay – Das erstaunliche Manöver mit dem sich umkehrenden Merkmal

Edmund Clays Fähigkeit, langfristige Manöver zu planen und durchzuführen, war ziemlich außergewöhnlich, und er erzielte damit zum Teil wahrhaft denkwürdige Resultate.

Wir haben hier ein ganz besonderes Beispiel ausgewählt. Über einen langen Zeitraum hinweg legte Clay immer dann, wenn er in Hörweite eines Mannes namens Barry Phelps war, eine bestimmte Marotte oder Gewohnheit in seiner Redeweise an den Tag. Phelps war einer jener wohlbeleibten Männer, die mit glänzenden Augen und blumig bedruckten Hemden herumlaufen und es als ihre Berufung betrachten, die Fehler anderer zu korrigieren. Clays außerordentlich ehrgeizige Absicht war es, den Mann dazu zu verleiten, eine Bemerkung über seine Sprachmarotte zu machen, um dann eben diese Marotte auf Phelps zu übertragen. War so etwas möglich? Ein Dialogauszug, heimlich aufgezeichnet von Edmund Clay, der ein drahtloses Mikrofon bei sich trug, in der Minehead Team Lounge auf dem Spring Harvest Festival 1997, erlaubt es uns, diese Frage zu beantworten.

PHELPS: Edmund, alter Junge, darf ich dich mal etwas fragen – in Liebe?

CLAY: (*enthusiastisch*) Na klar, Barry, ja. Prima. Sicher.

PHELPS: Also, ich weiß nicht recht, wie ich es ausdrücken soll ...

CLAY: Nur zu. Sag es ruhig, Spuck's aus. Sag einfach, was du meinst.

PHELPS: Okay, also, du weißt doch, wie du gestern drüben bei der Alternativfeier den Missionsfilm angekündigt hast. Weißt du noch?

CLAY: Du bist gekommen? Du warst da? Im Publikum? Du warst dabei?

PHELPS: Ja, war ich.

CLAY: Gut! Großartig! Fantastisch! Toll!

PHELPS: Nun ja, ich habe dich beobachtet, während du den Film eingeleitet hast, und –

CLAY: Ein wunderbarer Film, was? War fantastisch zu sehen. Großartig, solche Bilder vorgeführt zu bekommen. Ein umwerfender Anblick.

PHELPS: Ah! Siehst du, genau darum geht es mir eigentlich.

CLAY: Stimmte etwas nicht mit dem Film? Haben dir die Bilder nicht gefallen? War er visuell nicht gut genug? Die Präsentation hat dich nicht überzeugt?

PHELPS: Nein, nein, der Film war prima, Edmund. Es geht um dich. Du hast – also, du merkst es wahrscheinlich selbst gar nicht, aber du hast dir angewöhnt, alles mindestens vier Mal zu sagen.

CLAY: (*scheinbar verblüfft über diese Information – obwohl er eben dies seit Monaten absichtlich gemacht hat, wann immer er Phelps begegnete*) Wirklich? Vier Mal? Alles, was ich sage? Das tue ich? Mache ich das wirklich? Das tue ich doch nicht wirklich, oder?

PHELPS: Doch, ich fürchte, das tust du.

CLAY: Du hättest mich veräppeln können. Ich wusste das nicht. Ich hatte keine Ahnung. War mir völlig neu.

PHELPS: Na ja, macht ja nichts. Jetzt, wo ich dich darauf aufmerksam gemacht habe, schaffst du es bestimmt leicht, es dir wieder abzugewöhnen. Ich denke, es ist bestimmt nur eine schlechte Gewohnheit, die du dir zugelegt hast. Vielleicht hast du dich damit angesteckt wie mit einer geistlichen Krankheit. Du musst einfach nur einüben, nicht mehr alles so oft zu wiederholen, und alles ist wieder im Lot.

CLAY: (*mit sich aufhellender Miene*) Ja, ich muss einfach nur üben, nicht wahr? Ich muss nur daran arbeiten, mich zu bessern. Ich werde mir richtig Mühe geben. Ich werde – ha! Da fange ich schon wieder an.

PHELPS: Siehst du! Nur noch dreieinhalb Mal. Bald hast du es wieder im Griff.

CLAY: Okay, und wie lange, glaubst du, wird das dauern? Über was für einen Zeitrahmen reden wir hier? Was schätzt du, wie – ha! Ich muss wirklich daran arbeiten.

PHELPS: Eine Woche. Sieben Tage.

CLAY: Gut. Exzellent. (*Macht den Mund auf und wieder zu. Sie lachen sich gegenseitig viel sagend an.*) Du meinst also, ich kriege das hin?

PHELPS: Nun, ich meine, du hast ja schon immer schnell gelernt. Es fällt dir leicht, dir Dinge anzueignen. Du hast keine Probleme mit neuen Ideen, oder?

CLAY: Nein, wirklich nicht. (*hält staunend inne*) He, das ist erstaunlich! Ich glaube, es ist schon weg. Was bist du doch für ein cleverer Bursche.

PHELPS: Gut gemacht! Eins rauf. Tolle Leistung. Gratuliere!

CLAY: Vielen Dank für deine Hilfe.

PHELPS: Ach, das war doch gar nichts. Kein Problem. Mach dir keine Gedanken darüber. Gern geschehen, vergiss es. Nicht der Rede wert.

CLAY: Barry, du glaubst nicht wirklich, dass es eine Krankheit ist oder etwas, womit man sich anstecken kann?

PHELPS: Nein, das war nur ein Witz. Das habe ich nicht ernst gemeint. Ich dachte das nicht wirklich. Negativ absolut nicht. Überhaupt nicht. Keineswegs. Das ist nicht der Fall. Keine Chance. Nicht in einer Million Jahren. Natürlich nicht.

CLAY: Darf ich dir etwas sagen?

PHELPS: Sicher. Schön. Klar. Natürlich. Nur zu. Schieß los.

CLAY: Also, ich dachte gerade – Gott sei Dank, dass du das bemerkt hast!

PHELPS: (*leicht verwirrt*). Stimmt. Ja. Volltreffer. Richtig. Äh, absolut ...

Edmund Clay ruht inzwischen unter der Erde, doch die Erinnerung an ihn lebt weiter in den Herzen aller, die Höchstleistungen der Gemeindelebenskunst zu schätzen wissen.

Jasper Hepworth – Die Kunst der moralischen Überlegenheit

Was die Gemeindelebenskunst angeht, ist Jasper Hepworth ohne Zweifel einer der großen Innovatoren unserer Zeit. Der schnelle Trick oder das notdürftig verschleierte Ablenkungsmanöver sind nichts für Hepworth. Langfristige Arbeit, Tiefe und Vollständigkeit liegen ihm mehr, wie eine detaillierte Schilderung seines Umgangs mit Michael Chapman zeigt.

Chapman war einer jener leicht übergewichtigen intelligenten Stadtbediensteten, die einmal beinahe geheiratet hätten und dann nie den Nerv hatten, es noch einmal zu versuchen. Als ein aufrichtig frommer Mensch, der selbst in seiner Freizeit Hosen mit Bügelfalte trug, war Chapman von einer fast völligen Unfähigkeit geplagt und gehandicapt, sehr positive oder sehr negative Gefühle auszudrücken. Mitte der Achtzigerjahre wurde er Leiter des Hauskreises, dem Hepworth angehörte, etwa eine oder zwei Wochen, nachdem Hepworth sich der Fletcham Community Church in der Nähe von Westborne angeschlossen hatte.

Hepworths gewohntes Manöver mit Hauskreisleitern ist einfach zu beschreiben, doch durchaus komplex und anspruchsvoll in der Ausführung. Kurz gefasst besteht sie aus der Pflege einer engen, ja vertrauten Beziehung in Situationen außerhalb formeller Gemeindeaktivitäten, während man gleichzeitig immer dann, wenn die Gruppe sich trifft, dem Hauskreisleiter das Leben zur Hölle macht. Chapman, der Single und sozusagen bis über die Freibordmarke voll mit unterdrückten Frustrationen war, eignete sich hervorragend für Hepworths Herangehensweise.

Am Ende des ersten Hauskreistreffens ging Hepworth mit einer Miene demütiger Nervosität auf Chapman zu. Er sei ein Fremder in einer neuen Stadt, erklärte er ihm, und alleinstehend wie Chapman. Ob es wohl möglich wäre, fragte er, dass sich die beiden Männer alle vierzehn Tage oder so auf ein Bierchen trafen, bis Hepworth noch ein paar weitere Leute aus der Gemeinde kennen gelernt hätte?

Michael Chapman, der stets begierig war, sich durch praktische Hilfe für andere von seinen eigenen Nöten abzulenken, war sofort einverstanden. Die beiden Männer trafen sich alle vierzehn Tage, manchmal auch im Wochenabstand, entweder im »King's Head« in der North Street oder in Hepworths Junggesellenwohnung gegenüber des Atrium Tearooms in der Nähe des Strandes.

Natürlich gelang es Hepworth, der als geschulter Gemeindelebenskünstler den Wert des Zuhörens kannte und kennt (*siehe die vom Institut herausgegebene Broschüre »Munition sammeln«, erhältlich für zwei Pfund einschließlich Porto und Verpackung – siehe Abbildung*), binnen kürzester Zeit,

seinen Gefährten so sehr in Sicherheit zu wiegen und aus sich herauszulocken, dass Chapman tatsächlich das Gefühl hatte, einen Freund gefunden zu haben.

Gleichzeitig begann Hepworth eine sorgfältige Störfeuerkampagne im Hauskreis selbst, indem er mithilfe einer Mischung aus Zynismus und Respektlosigkeit jeden Moment ernsthaften Nachdenkens oder stillen Gebets zunichtemachte.

Da war zum Beispiel jener Herbstabend, als Michael Chapman alle aufgefordert hatte, ehrlich darüber nachzudenken, ob sie etwas gegen irgendjemand anderen in der Gruppe hätten, und dies auf ein Blatt Papier zu schreiben, ohne dass jemand anderes es sah. Anschließend wollten sie dann nach hinten auf die Terrasse gehen und die Zettel als symbolischen Befreiungsakt in einem Kohlenbecken verbrennen, das Chapman zu diesem Zweck vor dem Treffen angezündet hatte.

»Haltet nichts zurück«, sagte Chapman ernsthaft. »Was auch immer ihr empfindet, wie stark die Gefühle auch sein mögen, schreibt sie bitte auf, und dann lasst sie verbrennen.«

Zehn Minuten später begab sich die Gruppe in einem feierlichen, schweigsamen Zug durch die Schiebetür nach draußen und versammelte sich um das lodernde Kohlenbecken, um ihre zusammengeknüllten Zettel den Flammen zu übergeben. Es herrschte eine Atmosphäre bedeutungsschwerer Konzentration, zumindest so lange, bis Hepworth das Kohlenbecken erreichte, eine enorme, beschriebene Rolle Klopapier hervorzog und sie mit pompöser Geste über seinen Kopf hielt, bevor er sie mit einem »Wump!« in die Glut schleuderte.

»Tut mir leid, Leute«, sagte er und kicherte wie eine Hyäne. »Michael hat gesagt, wir sollen alles aufschreiben, und das habe ich getan! Ich hasse euch alle! Ach was – ich mache nur Spaß!«

Die meisten Leute lachten, die Zeremonie war ruiniert, und in Chapman kochte es wie in einem Dampfdrucktopf mit verstopftem Ventil. Es war nämlich Hepworth selbst gewesen, der ganz ernsthaft und ermutigend die Idee mit dem Kohlenbecken zur Sprache gebracht hatte, als die beiden Männer sich ein paar Tage zuvor in der Kneipe getroffen hatten. Und nun hatte er alles sabotiert. Warum?

Während der nächsten achtzehn Monate baute sich der Druck in Michael Chapmans Innerem immer weiter auf. Im Allgemeinen war Hepworth verächtlich negativ, ablehnend und streitsüchtig, wenn ernsthafte biblische oder dogmatische Punkte zur Sprache kamen, und zog sich in eine unerreichbare Schmollecke zurück, wenn die Gruppe sich eigentlich entspannen und ihren Spaß haben sollte. Indessen trafen sich die beiden Männer weiterhin als Freunde und gingen dabei völlig anders miteinander um. Allmählich trieb es Chapman zum Wahnsinn. Die Kombination aus seiner eigenen repressiven Persönlichkeit und der verwirrenden Natur seiner doppelten Beziehung zu Hepworth brachte es mit sich, dass jeglicher Versuch, den er unternommen haben mochte, um seine Gefühle auszudrücken, schon im Keim erstickt wurde.

Schließlich wandte er sich an die anderen Ältesten in der Gemeinde und verkündete, er wolle als Hauskreisleiter und Ältester zurücktreten und werde in einigen Wochen die Gemeinde ganz verlassen. Man fragte ihn nach dem Grund. Chapman lief puterrot an und platzte beinahe, doch er brachte kein Wort heraus außer einem wirren, gemurmelten Verweis auf Jasper Hepworth. Mehr wollte er nicht sagen.

Hepworth, der in der folgenden Woche von den Ältesten zu einem Gespräch eingeladen wurde, zeigte sich verletzt und erstaunt darüber, dass Chapman ihn im Zusammenhang mit seinem Rücktritt erwähnt hatte.

»Das verwirrt mich sehr«, sagte er in einem schlaffen, ratlosen Tonfall. »Ganz unter uns hier, ich habe viele Stunden damit verbracht, mir Mikes Probleme anzuhören und, nun ja, ihm ein Freund in der Not zu sein. Ich verstehe das nicht. Ich fühle mich ein bisschen – ach was, egal, wie ich mich fühle, es geht ja um Mike – was, denkt ihr, sollte ich tun?«

Das war genau die richtige Frage, die Hepworth stellen musste. Alle Gemeindelebenskünstler sind nachdrücklich gelehrt worden, sich bewusst zu sein, dass Älteste oft unsicher in Bezug auf ihre Autorität sind. Die richtige Taktik ist, sie immer um Wegweisung und Rat zu fragen. Das kann im Blick auf Finanzen und moralische Fragen sehr produktiv sein. In diesem Fall schlugen sie, ganz wie von Hepworth vorausgesehen, vor, er solle darüber beten und dann danach handeln, was er vom Herrn hören werde. Am nächsten Tag rief er einen der Ältesten an und sagte, nach einer unruhigen Nacht, die er mit Gebet und Nachdenken verbracht habe (in Wirklichkeit hatte er ausgiebig in der Badewanne gelegen und dann mit Unterstützung von drei großen Brandys die ganze Nacht geschlafen wie ein Baby), habe er beschlossen, Chapman aufzusuchen, um »die Sache in Ordnung zu bringen«. Jedoch, so fügte er hinzu, er frage sich, ob es vielleicht – um Mikes willen – besser wäre, wenn einer der Ältesten mitkäme.

So wurde die Bühne vorbereitet, damit Hepworth *Die Kunst der moralischen Überlegenheit* in ihrer höchsten Form demonstrieren konnte. Der wichtigste Teil des Gesprächs in Michael Chapmans Wohnung war vollkommen vorhersehbar, zumindest von Hepworths Warte aus.

HEPWORTH: (*sitzt auf der Sofakante, nach vorn gebeugt, die Ellbogen auf die Knie gestützt und die Hände herabhängend, jede Menge Demut und guten Willen ausstrahlend*) Mike, mein Lieber, wir sind hier, weil – nun, weil ich gehört habe, dass deine Entscheidung, zurückzutreten und die Gemeinde zu verlassen und so, etwas mit mir zu tun hat. (*Winkelt seine Arme nach außen, die Handflächen nach oben gekehrt, während er fortfährt*) Ich muss sagen, Mike, ich bin ein bisschen ... (*seufzt schwer*) Was bin ich? Okay, ja, ich bin ein bisschen bestürzt, und auch ziemlich verwirrt. Ich verstehe einfach nicht, was ich falsch gemacht habe, und ich möchte das gerne klären. Offensichtlich muss ich dich irgendwie verletzt haben, ohne es zu merken, und wenn das der Fall ist, möchte ich es gerne wissen. Und ich entschuldige mich rückhaltlos für alles, was ich getan haben mag, ohne es zu merken. Also – dies ist unsere Gelegenheit, die Luft zu bereinigen und noch einmal von vorn anzufangen. Können wir uns darauf einigen?

CHAPMAN: (*so zum Bersten voll mit unausgesprochenen Dingen, dass er kein verständliches Wort herausbringt*) Prsgm!

HEPWORTH: (*lehnt sich zurück und breitet Arme und Beine weit aus, wie um sich ganz und gar angreifbar zu machen*) Also sprich dich aus, Mike. Was immer du auf dem Herzen hast, jetzt ist die Zeit, es dir von der Seele zu reden.

Ich möchte, dass du mir genau in allen Einzelheiten erklärst, was du gegen mich hast, und mir die Chance gibst, mich zu entschuldigen und – du weißt schon – hoffentlich alles wieder ins richtige Gleis zu bringen. Nicht nur mit mir, versteht sich, sondern auch mit der Gemeinde. Wir wollen dich nicht verlieren, Mike. (*Wendet sich mit einem schüchtern hoffnungsvollen Lächeln an den anwesenden Ältesten, wie um dessen Zustimmung zu erheischen*) Das stimmt doch, nicht wahr, Steve?

STEVE: (*nickt aufmunternd*) Das ist absolut richtig!

CHAPMAN: (*sieht aus wie ein Mensch, der in einem riesigen gekochten Stück Gemüse eingesperrt ist, und kann seine Gefühle immer noch nicht in Worte fassen*) Grprms!

Ich brauche kaum hinzuzufügen, dass es Michael Chapman niemals gelang, dem wirren Groll, den er gegen Hepworth empfand, Ausdruck zu geben. Es war zu kompliziert, zu spät, zu beängstigend und zu unmöglich für jemanden wie Chapman, Worte herauszupressen, die etwas hätten bewirken können. Er verließ die Gemeinde, und Hepworth hatte gewonnen.

Hepworth selbst freilich zeigte sich zutiefst betrübt über die ganze Angelegenheit und wurde mit beträchtlichem Mitgefühl überschüttet bezüglich seines Bedürfnisses, wie er es kläglich ausdrückte, »sein Vertrauen in Beziehungen neu aufzubauen«.

»Schließlich«, sagte er, »habe ich Michael jede Chance gegeben, mir zu sagen, womit genau ich ihm zu nahe getreten war, aber es kam nichts. Was hätte ich denn noch tun können? Das Ganze ist einfach rätselhaft. Aber was soll man machen ...«

Und dann schnalzte er mit der Zunge und schüttelte den Kopf darüber, wie traurig und rätselhaft das alles doch sei, und ließ sich von anderen trösten.

Vielleicht interessiert es die Leser dieses Berichts zu erfahren, dass die Geschichte von Jarvis Hepworth und Michael Chapman bei Studenten der Gemeindelebenskunst auf eine ziemlich einheitliche Reaktion trifft, wann immer ich sie erzähle.

»Ist es nicht so, Professor Caws«, fragten sie mich immer wieder, »dass Hepworth ein zynischer, manipulierender Troll ist, der hier eine skrupellose Gier nach Macht über einen anderen Menschen an den Tag gelegt hat, ohne jede Rücksicht auf das Glück und Wohlergehen dieser Person?«

Und meine Antwort ist immer dieselbe.

»Das mag alles stimmen«, sage ich ihnen, »aber lassen Sie sich davon bitte nicht entmutigen. Er hat durchaus auch seine Schwächen.«

Vierter Teil

Die hohe Kunst des Anglikanertums

Urteilsfähige Gemeindekünstler sind sich in dieser gefährlich ökumenischen Zeit nur zu schmerzlich bewusst, wie töricht es wäre, davon auszugehen, man könne sich in irgendeiner Konfession wirklich sicher fühlen. Die anglikanische Kirche ist ein erstklassiges Beispiel für diesen unseligen Trend. Vorbei jene Tage, in denen sich Säulen der Pfarrgemeinde nach dem Gottesdienst beiläufig bei ihrem Pfarrer erkundigten: »Ist Ihnen schon mal einer von diesen wiedergeborenen Leuten über den Weg gelaufen?« Und ihr Seelenhirte schüttelte dann den Kopf und versicherte dem Fragesteller mit einem beruhigend gebildeten, kultivierten, kricketfreundlichen Lächeln, derlei Dinge seien bestenfalls eine Phase und im schlimmsten Fall ein falsches Verständnis.

Heute erstreckt sich die Bandbreite anglikanischer Gemeinden von mausetot bis zu überschwänglich charismatisch und von sozialbewusst bis zu wunderbar stur nach innen gekehrt, mit allen Schattierungen dazwischen.

Im neuen Jahrtausend sind eine Vielzahl von Manövern entworfen and entwickelt worden, die Gemeindelebenskünstlern und -künstlerinnen in diesen beunruhigenden Tagen von Nutzen sein können. Einige davon gehören zu den »weiten Prinzipien«, wie man sie nennen könnte. William Custer, der Mitgliedschaften in anglikanischen Gemeinden sammelt wie andere Leute Briefmarken obskurer Nationen, berichtet über anhaltende Erfolge mit einem simplen Manöver, bekannt als *Die Kunst, immer ein bisschen weiter in die andere Richtung zu gehen als alle anderen.* Sie funktioniert praktisch von selbst, sagt Custer. Mit seinen eigenen Worten:

»Wenn Sie sich in einer muffigen kleinen Landgemeinde befinden, wo die meisten Leute meinen, die Geistestaufe hätte etwas mit der Haltbarmachung von Pfirsichen zu tun, dann sorgen Sie dafür, dass man Sie als denjenigen kennt, der immer sanft auf Modernisierung und mehr Verständnis für geistliche Dinge und das Wirken des Heiligen Geistes drängt. Freilich müssen Sie sehr aufpassen, es damit nicht zu übertreiben. Ein Erfolg würde alles verderben.

Sollten Sie dagegen in einer Gemeinde landen, wo man die harten Kirchenbänke hinausgeschafft und eine ordentliche Beschallungsanlage installiert hat, wo Liturgie von den Meisten für ein Gemüsegericht aus dem indischen Restaurant gehalten wird, wo Kinder nicht, sobald sie es dürfen, hinüber in die King's Church in der großen ehemaligen Fabrik im Industriegebiet wechseln, wo der Pfarrer Esperanto murmelt und Gruppenausflüge zu den New-Wine-Sommerlagern organisiert und der ganze Laden auf eine Spaltung zuläuft, so müssen Sie derjenige sein, der immer wieder freundlich, aber beharrlich daran erinnert, dass ›Tradition und Geschichte auch eine sehr tiefe Rolle für eine Gemeinde spielen, die sich wirklich vom Heiligen Geist leiten lassen möchte‹.«

Viel verkehrt machen kann man in so einer Gemeinde nicht, fährt Custer fort, solange »in dem, was Sie von sich geben, irgendwo der Heilige Geist vorkommt«.

Kommunionsmanöver

Irgendetwas an einem anglikanischen Kommunionsgottes-
dienst, vielleicht die spannungsgeladene Kombination aus
Bewegung und Feierlichkeit, schreit geradezu nach der Aufmerksamkeit wacher Gemeindelebenskünstler und -künst-
lerinnen.

Über den »Friedensgruß« ist schon vieles gesagt und
geschrieben worden, doch wir vom Institut für Gemeindelebenskunst können nur die Ansichten und fortschrittlichen
Techniken von Donald Trump aus Cornwall (siehe den Abschnitt über *Die Kunst der Wochenendfreizeit*) empfehlen.
Trump schreibt:

»Für diejenigen, die sich einer neuen Gemeinde an-
schließen, ist die Prozedur hinsichtlich des Friedensgrußes ganz einfach und naheliegend. Während der ersten
Kommunionsgottesdienste, an denen er teilnimmt, sollte
der Gemeindelebenskünstler das nervöse Durcheinander
und Gemurmel, das unweigerlich um ihn her stattfinden
wird, einfach ignorieren und selbstbewusst durch die
Kirche marschieren, eine Auswahl von Männern herzlich
begrüßen und die älteste und hässlichste Frau, die er finden kann, innig umarmen. Attraktive Frauen begrüßen
Sie mit einem schroff-höflichen, halbherzigen und auf
Armeslänge ausgeführten Händedruck (*siehe Abbildung*),
aber nur, wenn noch etwas von der vorgesehenen Zeit-
spanne übrig ist.

Nach fünf oder sechs Kommunionsfeiern, bei denen
sich der Gemeindelebenskünstler strikt an dieses Vorgehen gehalten hat, wird er sich den unvergänglichen Ruf

erworben haben, einer jener (heute allem hirnlosen Gela-
ber von Leuten, die an Fernsehshows mit Publikums-
beteiligung mitwirken, zum Trotz fast ausgestorbenen)
Leute zu sein, die sich nicht zur äußeren Erscheinung,
sondern zu der *wirklichen* inneren Persönlichkeit hin-
gezogen fühlen. Nun kann er sich einer der gut aussehenden Frauen mit einem leisen, reifen, anerkennenden
Lächeln nähern, durch das er ihr zu verstehen gibt, dass
sie in seinen Augen endlich die Prüfung bestanden hat.
Es steckt etwas Schönes und Gutes in ihr, und so ist sie
für eine Umarmung von ihm qualifiziert, *obwohl* sie jung
und attraktiv ist.

Der Gemeindelebenskünstler sollte seine Aufmerk-
samkeiten auch weiterhin taktisch klug verteilen, doch
nun sind die Würfel gefallen. Es ist zu einem Privileg
geworden, während des Friedensgrußes von ihm um-
armt zu werden. Er wird es, wie es mir von Zeit zu Zeit
passierte, vielleicht sogar erleben, dass sich eine kleine
Schlange bildet.«

Während der Kommunion selbst kann ein täuschend einfaches, aber nützliches Manöver gegen jene Amtsträger, zumeist Kirchenvorsteher, eingesetzt werden, die sich langsam rückwärts durch den Mittelgang der Kirche bewegen und sich an jeder Reihe herabbeugen, um der am Gang sitzenden Person zu verstehen zu geben, es sei nun Zeit für sie, sich zu erheben und zur Kommunion anzustellen. Bei genauer Beobachtung wird man feststellen, dass diese Personen niemals wirklich sprechen. Sie gestikulieren mit einem Arm, und obwohl ihre Lippen sich tatsächlich regen und zucken, so als ob etwas herauswollte, fallen vernehmbare Worte durch ihre Abwesenheit auf.[10]

Gehen Sie folgendermaßen vor.

Nachdem Sie sich einen Sitzplatz in der sechsten Reihe von vorn auf dem direkt an den Mittelgang angrenzenden Gestühl gesichert haben, warten Sie, bis der Kirchenvorsteher sich herabbeugt, mit dem Arm gestikuliert und mit den Lippen zuckt, und sagen Sie dann in freundlichem, aber verwirrtem Tonfall: »Entschuldigung, ich habe Sie nicht ganz verstanden.«

»Menschen mögen Muster.«[11] Das gilt allgemein für diejenigen, die traditionelle Gemeinden besuchen, und es gilt insbesondere für diejenigen, die in der Gemeinde regelmä-

10 Jane Britton, die derzeit unseren halbjährlich stattfindenden dreiwöchigen Kurs zum Thema *Verschleierungstaktiken für Neubekehrte* unterrichtet, sagt mir, sie habe einmal in diesem Zusammenhang großen Erfolg damit gehabt, indem sie mit sehr leiser Stimme etwas völlig Unverständliches zu dem Kirchenvorsteher sagte. Nach fünf oder sechs Versuchen, zu verstehen, was sie gesagt hatte, begann er zu hyperventilieren und musste auf dem Sakristeifußboden flach auf den Rücken gelegt werden.

11 Butterfield 1986.

ßige Aufgaben erfüllen. Es scheint eine Art vorübergehender Lähmung einzutreten, wenn ein vertrautes Muster gestört oder unterbrochen wird. Als ich das letzte Mal diese Masche anwandte, begann und endete der Dialog auf außerordentlich befriedigende Weise.

ICH: Entschuldigung, Don, das habe ich nicht ganz verstanden.

KIRCHENVORSTEHER: Mmfn! Grrdfm! Möchten Sie ...? Wollen Sie ...?

ICH: Entschuldigung, ich höre auf dieser Seite nicht sehr gut. Könnten Sie ein wenig lauter sprechen?

KIRCHENVORSTEHER: (*hoffnungsvoll gestikulierend und unverständlich murmelnd*) Sie sind dran ... wollen Sie ...?

ICH: Also wissen Sie, es tut mir wirklich leid, aber ich kann Sie einfach nicht verstehen.

KIRCHENVORSTEHER: (*erhebt die Stimme und unternimmt eine übermenschliche Anstrengung, um einen vollständigen Satz herauszubringen*) Wollten Sie heute Morgen zur Kommunion nach vorn gehen?

ICH: (*lächelnd, nickend und mich behaglich zurücklehnend*) Ach so! Nun ja, ich gehe nach vorn zur Kommunion, sobald ich an der Reihe bin.

KIRCHENVORSTEHER: (*mit einer Art unterdrücktem Schlaganfall*) Aber Sie sind jetzt an der Reihe!

ICH: (*tadelnd*) Also, da hätte ich mir doch gewünscht, jemand hätte sich die Mühe gemacht, mir das zu sagen. Ich halte doch all die anderen Leute in meiner Reihe auf! Es sollte uns wirklich jemand wissen lassen, wenn es Zeit ist, dass wir uns anstellen. War das nicht immer Ihre Aufgabe, Don? Wie auch immer, nett, mit Ihnen zu plaudern, aber wir sollten jetzt lieber nach vorn gehen. Würden Sie so nett sein und einen Schritt zurücktreten, damit ich auf den Gang hinauskann ...?

Butterfield bei der Kommunion

Julius Butterfield, ein beachtlicher Experte für Kommunionsmanöver, hat gelegentlich die Kommunion eingenommen und sich dann hinter dem Rücken der anderen Kommunikanten herumgeschlichen, um sich ein zweites Mal anzustellen. Butterfield behauptet, nicht ein Pfarrer in all den Gemeinden, die er besucht hat, habe je Fragen gestellt oder Bemerkungen darüber gemacht, dass sich ein Mitglied seiner Gemeinde einen »Nachschlag« abgeholt hatte. Selbst in dem einen Fall, als er sich zu einer unfassbaren *dritten* Verabreichung von Brot und Wein anstellte, starrte ihn der fragliche Pfarrer lediglich einen Moment lang wie hypnotisiert an, wippte auf seinen großen Füßen ein wenig vor und zurück und fuhr dann fort, als wäre nichts geschehen.

Butterfield war auch der Urheber des heute weithin gebräuchlichen *Brot-oder-Segen?*-Manövers. Diese Technik ist anwendbar in Gemeinden, in denen der Geistliche vorschlägt, dass diejenigen, die nicht die Kommunion einnehmen, aber durch ein Gebet gesegnet werden möchten, ihr Gesangbuch mit ans Altargeländer bringen und es vor sich halten, statt die geöffneten Hände auszustrecken, um das Brot zu empfangen. Butterfields täuschend einfache Masche besteht darin, mit der rechten Hand das Gesangbuch vor sich zu halten und die Linke geöffnet auszustrecken, wie um das Brot zu empfangen (*siehe Abbildung*). Wenn dann

der verdutzte Geistliche sich nahe heranbeugt und fragt, ob Brot oder Segen gewünscht sei, bleibt Butterfield vollkommen reglos mit geschlossenen Augen stehen und gibt keinen Laut und keine Regung von sich, bis der Zelebrant weitergegangen ist. Im Laufe mehrerer Jahre, in denen er dieses Manöver angewendet habe, berichtet Butterfield, habe er es in solchen Situationen erlebt, dass ihm der Segen aufgelegt wurde, aber kein Brot, das Brot, aber kein Segen, das Brot und der Segen, und an einem Sonntagmorgen, als der Pfarrer wohl noch mehr außer Fassung war als sonst, ein weißes Seidentaschentuch mit dem in blauem Garn eingestickten Monogramm des Priesters in einer Ecke.

Die Kunst des Antwortens

Im Allgemeinen löst die Einladung, auf Gebete mit bestimmten Formulierungen zu antworten, die nicht im Gebetbuch

stehen, bei Anglikanern ein Gefühl tiefer Niedergeschlagenheit aus. Manche dieser Antworten sind einfach unaus-
sprechlich öde und langweilig; andere sind, besonders in
Gemeinden ohne Tageslichtprojektor, genau einen halben
Satz zu lang, als dass die Gemeinde sich ohne Weiteres merken könnte, was sie zu sagen hat. In diesem letzteren Kontext hat die Antwortkünstlerin Carol Wiseman, die eine anglikanische Gemeinde in der Nähe der Magdalene Street in
der Altstadt von Norwich besucht, ein Manöver entwickelt,
das nachzuahmen sich für andere Antwortkünstler und
-künstlerinnen lohnt, die begierig sind, diese lästige Erscheinung aus ihren Gottesdiensten auszumerzen. Ein pikan-
ter Aspekt von Carols Masche ist, dass sie erfolgreich die
gesamte Gemeinde aus der Fassung bringt. Das ist unserer
Meinung nach eine beachtliche Leistung.

Hier ist ein Auszug aus Carols Bericht.

»Im Gemeindeleben habe ich es immer vorteilhaft gefunden, ein Image mausgrauer Sittsamkeit zu pflegen
(mein heißes pinkes Lycra-Outfit, die großen Glitter-
Haarbänder und die Plateau-Pumps hebe ich mir fürs
Abhotten in der Disco auf) und, wenn ich in der Gemeinde etwas sage, dies mit einem unsicheren, kaum
hörbaren Murmeln zu tun. Auch wenn ein Mikrofon vor-
handen ist, ist das kein Problem. Bei den Karaokeaben-
den im ›Gay Pelican‹ verschlinge ich das verdammte
Ding geradezu, doch in der Gemeinde achte ich streng
darauf, zu demonstrieren, dass Furchtsamkeit und Verlegenheit mich darin hindern, ein so bedrohliches techno-
logisches Wunderwerk richtig anzuwenden. Wie Sie sich
vorstellen können, war mir das sehr nützlich. Ich werde

nur selten gebeten, irgendetwas zu tun, wofür ich in der Gemeinde von vorne etwas sagen müsste. Kürzlich jedoch musste ich mit einer neuen Ermutigungswelle fertig werden, doch endlich »meine Nervosität zu überwinden«. Wahrscheinlich war das der Grund, dass unser dröhnender, liebenswürdiger Pfarrer, der gebaut und gekleidet ist wie ein großer Keramiksalzstreuer, gern bereit war, mich das Gemeindegebet leiten zu lassen, als ich ihn mit zitternder Stimme fragte, ob ich das einmal versuchen dürfe.

›Wäre das in Ordnung, wenn ich die Gemeinde einladen würde, eine besondere Antwort zu sprechen?‹, erkundigte ich mich schüchtern.

›Aber sicher, meine Liebe‹, erwiderte er und klatschte einmal in die Hände, ›das wäre wunderbar. Das würden wir alle *sehr* genießen und schätzen. Und werden Sie den Tageslichtprojektor brauchen?‹

›Ach du meine Güte, nein‹, stammelte ich, ›den kann ich doch gar nicht bedienen. Außerdem wird alles ganz einfach.‹

Zwei Sonntage später, als der dritte Choral zu Ende ging, trat ich ans Pult und sprach in meiner gewohnt unsicheren Stimme zur Gemeinde.

›Ich werde jetzt – also ich werde jetzt *versuchen*, einige Gebete zu sprechen, und vielleicht macht es Ihnen ja nichts aus – Sie müssen natürlich nicht, aber es wäre schön, wenn Sie mitmachen würden –, am Ende jedes Gebets eine besondere Antwort zu sprechen.‹

Ermutigendes Nicken und Lächeln von einer Menge Leute, die mir alle von Herzen ein Erfolgserlebnis wünschen.

›Vielen Dank. Also, wenn ich sage:

›**Erhöre dieses Gebet.**‹,

dann möchte ich, dass Sie sagen:

›**So bekräftigen wir das, was von denen, die es uns in früheren Tagen verkündigten, nicht geglaubt wurde, doch nun bestätigt wird durch jene, die es durch ihre Zustimmung im Gebet besiegelt haben.**‹

Ohne auf die Welle der Panik zu achten, die sofort durch die Gemeinde schwappte, fuhr ich fort und sprach insgesamt sieben Gebete, jedes begleitet von einem ›Erhöre dieses Gebet‹ usw. Die meisten Leute versuchten immerhin, die Antwort richtig hinzukriegen, doch am Ende hörten sie sich überhaupt nicht mehr an wie eine anglikanische Gemeinde. Sie hörten sich an wie hundertfünfzig depressive Betrunkene, die an einem Freitagabend versuchten, sich an ihre Adresse zu erinnern, um sie einem Polizisten zu nennen. Es war Babel ohne den Turm.

Nachdem ich mich am Ende des Gottesdienstes ausgiebig und von ein paar Tränen begleitet entschuldigt hatte, wurde beim Kaffee ein großes Aufhebens um mich gemacht. Der Pfarrer deutete durch die Blume an, öffentliches Gebet sei vielleicht nicht meine absolute Stärke und ich solle auch noch andere Gaben ausprobieren, die der Herr mir vielleicht offenbaren werde. Ich stimmte ihm traurig zu.«

Volltreffer!

Fünfter Teil

Die hohe Kunst der Wochenendfreizeit

Hier im Institut für Gemeindelebenskunst sind wir immer offen für die Einführung neuer Ideen, weshalb es uns eine große Freude ist, hier von einer Mitteilung zu berichten, die uns von David Trump aus Bude in Cornwall erreichte. So erfolgreich hat sich Trump die Prinzipien der Gemeindelebenskunst angeeignet und sie verinnerlicht, dass er, obwohl er an rein gar nichts glaubt, zunehmend im ganzen Westen Englands zu Gemeindefreizeiten am Wochenende eingeladen wird. Hier ist ein Auszug aus seinem Brief, der kürzlich hier eintraf:

»Wie Sie wissen, ist es, um ein solches Wochenende zum Erfolg zu führen, oft nötig, den Pastor der Gemeinde auf dem falschen Fuß zu erwischen. Falls dieser egoistisch und herrschsüchtig ist, kann es schwierig sein, die Ausstrahlung tiefer, wohlwollender Autorität zu wahren, die in dieser Situation unverzichtbar ist. Dieses Problem lässt sich jedoch relativ leicht aus dem Weg räumen. Meist ist dazu nur ein wenig sorgfältige Recherche notwendig. Ein gutes Beispiel dafür war eine kürzliche Wochenendfreizeit einer anglikanischen Gemeinde. Im allgemeinen Getriebe der Anreise am Freitagabend und (was äußerst hilfreich war) mitten in einer Situation, in der sich eine ganze Menge Leute bitter über die Unzulänglichkeit der Zimmer beschwerten, die ihnen von der Frau des Pfarrers zugewiesen worden waren, konnte ich durch eine

Kombination aus einfühlsamem Fragen und bedächtiger Zustimmung zu absolut allem, was mir gesagt wurde, herausfinden, dass Pfarrer Coltbarm gegen Wandel in so ziemlich jeder Form und Farbe war, und besonders gegen die Ordinierung von Frauen. Von da an war der Weg frei. Nach einer eitlen, aber überschwänglichen Einführung durch den Pfarrer begann ich meinen ersten Vortrag am Samstagmorgen in ausgelassenem, lebhaftem Ton.

›Darf ich zu Anfang sagen, wie überaus erfrischend ich es finde, mich unter lauter Leuten zu befinden, die der Zwangsjacke der Vergangenheit entkommen und bereit sind zu sehen, wie die Hand Gottes uns in die Zukunft winkt? Respekt! In Gesprächen mit vielen von Ihnen gestern Abend habe ich von Ihrer großen Flexibilität in Fragen der Liturgie und des Gottesdienstes, des Stils der Kommunionsfeier und der Rolle der Geistlichen und insbesondere, wenn ich das sagen darf, von Ihrer herzlichen Unterstützung für Frauen im geistlichen Dienst gehört. Und dies ...‹

Ich hielt inne und wandte mich dem Pfarrer zu, bevor ich fortfuhr.

›... dies kann nur ein Tribut an Pfarrer Coltbarm sein, der Ihnen als der große und demütige Mann Gottes, der er ist, auf dem Pfad der Neuerung unbeirrt vorangegangen ist. Ich glaube, ein kräftiger Applaus wäre hier nicht fehl am Platz.‹

Wie Sie besser wissen als ich, sind christliche Gruppen wunderbar leicht zu lenken. Der nun folgende Applaus, gespendet mit einer spannungsvollen Mischung aus rachsüchtiger Schadenfreude und Verwirrung, wurde begleitet von einem grellweiß aufblitzenden Licht, als einer der Freizeitteilnehmer ein Foto schoss. Ich hatte das Glück, mir eine Kopie dieses Fotos verschaffen zu können, und füge diese zu Ihrer gefälligen Kenntnisnahme bei. Deutlich ist darauf die Miene auf Pfarrer Coltbarms Gesicht zu sehen, während er den Applaus dafür entgegennimmt, das genaue Gegenteil von dem zu tun und zu sein, was er in Wirklichkeit tut und ist. Es wird mir stets eine kostbare Erinnerung bleiben. Ich wünschte nur, ich hätte auch das prustende (einem Todesröcheln nicht unähnliche) Geräusch aufzeichnen können, das er dabei von sich gab.

Ist dagegen der betreffende Geistliche oder Pastor eine wahrhaft demütige, wandlungsbereite Persönlichkeit, so ist ein völlig anderes Manöver erforderlich. Die Lösung, die ich dafür anbieten möchte, hat sich bei Problemen dieser Art außerordentlich gut bewährt. Am besten wendet man Sie am Freitagabend während der ›Kennenlernzeit‹ an, wenn die Atmosphäre ohnehin ziemlich atemlos und befrachtet ist und eine Menge Leute plötzlich gemerkt haben, dass sie eine Sendung im Fernsehen verpassen werden, die sie sonst immer sehen, und schon anfangen sich zu wünschen, sie hätten sich nicht angemeldet.

Folgendermaßen begann ich meine freitagabendliche Begrüßungsansprache bei der Wochenendfreizeit der Blakeham Community Church im Februar. Schüler der Gemeindelebenskunst wissen, dass die stimmliche Darbietung irgendwo zwischen Heiterkeit und Ernst schweben muss, damit der gewünschte Effekt erzielt werden und das sich anschließende Dementi gerechtfertigt werden kann.

›Guten Abend! Mein Name ist David Trump, und ich bin Ihr Referent für dieses Wochenende. Ich hoffe, Sie haben sich alle in Ihren Zimmern eingerichtet und freuen sich mit mir auf die nächsten beiden Tage. Nun, während der Vorbereitung meiner Referate für das Wochenende habe ich Ihren Pastor angerufen und ihn gebeten, mir einen Überblick darüber zu geben, was für Leuten ich hier begegnen würde. Netterweise hat er mir daraufhin eine Liste aller Namen mit einem Kommentar zu jedem davon zugeschickt. Und so dachte ich mir, ich lese ein paar davon vor – nicht die Namen, versteht sich, das wäre unfair; nur die Kommentare. Ob Sie sich selbst wohl wiedererkennen? Hoffentlich bekommen wir so einen Eindruck, mit wem wir an diesem Wochenende zusammen sind. Hier habe ich die Liste des Pastors; es kann also losgehen. Als Erstes kommt eine Frau:

Sie geht allen tierisch auf die Nerven, aber wenn sie nicht mitkäme, bekämen wir alle was zu hören.

Behauptet, gläubig zu sein, aber wenn der Christ ist, bin ich ein Methodist.

Sehr attraktive junge Dame – hat sich, glaube ich, ein bisschen in mich verguckt.

Säule der Gemeinde. Ein großes dickes Ding, das alles aufhält und die Sicht behindert.

Immer am Träumen. Wird nur in sehr begrenztem Sinne bei uns anwesend sein.

Widerlicher Kerl, schwimmt aber im Geld; lohnt sich also, ihn bei der Stange zu halten, bis die Renovierungen in der Kirche erledigt sind, wenn Sie verstehen, was ich meine.

Unglaubliches Großmaul. Absolvent der Schwarzen-
egger-Schule der Evangelisation. Könnte mal eine ordentliche Abreibung gebrauchen.

Wenn diese Familie ein Kirchengestühl wäre, würden
wir es herausreißen und durch etwas Nützlicheres und
Attraktiveres ersetzen.

Sieht aus wie eine Vogelscheuche, ist aber kooperativ
und nützlich, etwa so wie ein Packesel oder Ochse.

Als ich das Ende meiner Liste erreichte, schwappte ein
äußerst befriedigendes Gemisch aus Gelächter, Befremden
und offenem Zorn durch den Saal. Wie jeder Gemeindelebenskünstler und jede Gemeindelebenskünstlerin
weiß, teilen sich alle Gruppen dieser Art, eigentlich jeder
Art, (metaphorisch) in die billigen Plätze ganz hinten und
die teuren Plätze ganz vorne auf. Es ist immer fruchtbar,
wenn Zotenreißerei und Anteilnahme aufeinanderstoßen.

Natürlich lachte ich dann sofort und drückte mein
Erstaunen darüber aus, dass es Leute gab, die diese Liste
ernst genommen hatten, doch mein Ziel war bereits erreicht. Die Saat des Misstrauens und der respektlosen
Schnodderigkeit war gesät, und es hätte ein schlechter
Gemeindelebenskünstler sein müssen, der es nicht geschafft hätte, ein solch verheißungsvolles neues Leben
zur herrlichen Frucht gedeihen zu lassen.«

Die Kunst, mein Scherflein beizutragen

Gedacht für Leute, die an Gemeindefreizeiten teilnehmen,
aber keine führende Aufgabe haben, beinhaltet dieses Unter-

manöver zur *Kunst der Wochenendfreizeit* die *Mach-das-Beste-draus*-Taktik des Gemeindelebenskünstlers Arnold Bloom sowie die geniale und gefeierte Arbeitseinsparungsinitiative *Die Ärmel hochgekrempelt und los* von Durham Steadman.

Im vorigen Abschnitt haben wir angedeutet, dass Wochenendfreizeiten häufig mit verbreiteter Unzufriedenheit und Erbitterung beginnen können, wenn Leute zu ihrem Entsetzen feststellen, dass sie in ihren Zimmern allein sein werden, dass sie in ihren Zimmern nicht allein sein werden, dass es in ihren Zimmern zu warm ist, dass es in ihren Zimmern zu kalt ist, dass ihre Zimmer nach von blicken, dass ihre Zimmer nach hinten blicken, dass ihre Zimmer zu den Seiten blicken, dass ihre Zimmer über der Küche liegen, dass ihre Zimmer neben der Küche liegen, dass ihre Zimmer unter der Küche liegen, dass ihre Zimmer hinter der Küche liegen, dass ihre Zimmer kein eigenes Bad haben, dass ihre Zimmer zu groß und gruselig sind, dass ihre Zimmer zu klein und klaustrophobisch sind, dass die Rohre in ihren Zimmern schreckliche Geräusche machen, dass in den Zimmern nebenan lärmende Kinder sind, dass ihre Zimmer zu leise sind und dass ihre Zimmer aus Myriaden weiterer Gründe nicht den Wucherbetrag wert sind, den sie dafür bezahlt haben. Gar nicht zu reden von Dingen wie besonderen Ernährungsweisen, auf die nicht genügend Rücksicht genommen wird, dem Mangel an Kleiderbügeln, dem Fehlen von Fernsehern, nicht funktionierenden Heizkörpern, Luftzug, zu harten Betten, zu weichen Betten und Spinnen im Waschbecken.

Durham Steadman schildert in diesem Zusammenhang die korrekte Vorgehensweise bei der *Kunst, mein Scherflein beizutragen*:

»Der Erfolg dieses Manövers hängt davon ab, dass der Gemeindelebenskünstler während der ersten drei Stunden des Wochenendes geradezu vor Energie platzt und allenthalben guten Willen verströmt. Überall sieht man ihn Koffer tragen, Leuten den Weg durch das Gebäude zeigen, Tische und Stühle verrücken, beim Abendessen mit unerschütterlich guter Laune den Tischdienst übernehmen und, wenn das Essen beendet ist, voller Begeisterung die Ärmel hochkrempeln und lautstark Dinge von sich geben wie: ›Na, dann wollen wir mal den Abwasch erledigen! Je eher wir anfangen, desto schneller sind wir fertig. Was meint ihr, Jungs und Mädels? Hinterher können wir uns alle einen gemütlichen Abend machen.‹[12]

Und genau das wird der Gemeindelebenskünstler tun, sobald der Abwasch beendet ist. Er wird es sich gemütlich machen und mit hoher Wahrscheinlichkeit von allen, die seinen anfänglichen Ausbruch selbstloser Einsatzbereitschaft beobachtet haben, von vorn bis hinten bedient werden. Ja, für den Rest des Wochenendes wird er keinen Finger mehr rühren. Nachdem er in der Wahr-

---

12 Anton Devrais von der Restoration Church of Christ in der Nähe von Wincanton fügt hinzu, dass der Nutzwert dieser Masche noch größer ist, wenn der Gemeindelebenskünstler es so einfädelt, dass er mit einer Gruppe ausgelassen schwatzender Männer zusammensitzt, wenn er mit seinem fieberhaften Arbeitswahn beginnt. Die korrekte Prozedur in dieser Situation besteht darin, dass der Gemeindelebenskünstler aufsteht und das Gespräch unterbricht, indem er sagt: »Na, lasst euch nicht stören, Jungs, macht weiter und bringt die Welt in Ordnung. Ich schätze mal, es gibt allerhand zu tun hier. Im Vorträgehalten war ich noch nie besonders gut, aber immerhin kann ich mit zupacken, wenn es ums Praktische geht.«

Manchmal wird man das schamvolle Schweigen geradezu *schneiden* können.

nehmung aller Anwesenden ein unauslöschliches Bild seiner selbst als unermüdlicher Schaffer zum allgemeinen Wohl hinterlassen hat, wird er von diesem Moment an niemandem mehr zu Diensten sein außer sich selbst, bis er am Sonntagnachmittag wieder nach Hause aufbricht.«

Wie man die Kinder loswird

Ein kürzlich eingetroffener Brief von Len Carnon aus Indian Queens in Cornwall enthält einen Vorschlag, der von großem Interesse für Gemeindelebenskünstler und -künstlerinnen sein dürfte, die gerne während einer Wochenendfreizeit hohes Lob dafür einheimsen wollen, absolut nichts zu tun. Carnon schreibt:

»Während unserer letzten Wochenendfreizeit im Juni in Barham House unten am Lizard erbot ich mich, allen am Samstagnachmittag die zehn- bis dreizehnjährigen Kinder vom Hals zu schaffen und ›etwas mit ihnen zu unternehmen‹. Natürlich waren die Eltern und die großen Brüder und Schwestern begeistert von der Idee. Sie waren außer sich vor Freude und voll jämmerlicher Dankbarkeit dafür, dass ich meine Freizeit opferte, in der ich mich doch hätte entspannen können wie alle anderen.

›Macht euch keine Gedanken‹, sagte ich mit einer heiteren Leichtherzigkeit, die ich gründlich einstudiert habe, ›ich verbringe gerne mal ein paar Stunden mit den jungen Leuten. Ich mag Kinder. Na los, macht euch eine schöne Zeit. Wir sehen uns dann später.‹

Ich packte die Kinder in den Gemeindebus, fuhr mit ihnen fünf Meilen weit hinaus aufs Land und hielt dann am Straßenrand, um ihnen zu erklären, ich würde sie nun in Zweiergruppen an verschiedenen Stellen auf den schmalen Straßen absetzen, die sich kreuz und quer über die Halbinsel zogen.

›Danach‹, sagte ich, ›werde ich den ganzen Nachmittag über die Straßen abfahren und versuchen, euch zu erwischen. Wen ich sehe, der muss wieder einsteigen und mir helfen, nach den anderen zu suchen. Jeder, der es zurück nach Barham schafft, ohne dass ich ihn sehe, bekommt einen kleinen Preis.‹

Das war's. Sobald ich sie alle abgesetzt hatte, fand ich einen netten kleinen Laden mit einem Gartencafé, kaufte mir eine Zeitung und döste den ganzen Nachmittag über in der Sonne vor mich hin. Inzwischen dürften die Kinder jedes Mal, wenn sie ein Auto kommen hörten, in Gräben gehechtet sein oder sich hinter Hecken versteckt haben. Bevor ich aufbrach, kaufte ich noch eine Tüte mit billigen Bonbons für die ›Sieger‹, und das war's. Alle hatten ihren Spaß gehabt! Ich glaube, eine ganze Menge von ihnen waren sogar rechtzeitig zum Abendessen wieder da.«

Ein Hinweis zur Warnung

Hoffentlich hat dieser Bericht unseren Studenten und Mitgliedern implizit vor Augen geführt, dass es eine Grenze gibt, die nicht überschritten werden kann, ohne dass es für Gemeindelebenskünstler und -künstlerinnen negative Folgen mit sich bringt. Julius Butterfield gesteht, er habe als junger Mann genau so einen Fehler gemacht, als er mit der Gemeinde der Wareham-East Methodist Church auf eine Spätsommer-Wochenendfreizeit in einer Schule in Kimmeridge an der Küste von Dorset fuhr.

Nach dem Abendessen am Samstag erbot sich der junge Gemeindelebenskünstler, eine Nachtwanderung zu leiten, die in nördlicher Richtung bergauf beginnen, dann einen Bogen nach Westen und Süden schlagen und schließlich wieder zur Schule zurückführen sollte. Es gab eine ganze Menge Interessenten. Alle sagten, das höre sich nach viel Spaß an. Also führte Butterfield, der in der Gegend aufgewachsen war und sich äußerst gut auskannte, gegen halb zwölf Uhr abends seine fröhliche Schar, gut gewappnet mit Taschenlampen, etwa eine Stunde lang die verschlungenen Gassen und Wanderwege entlang, bis sie eine Wiese am Rande eines großen Ackers erreichten.

»Wie wär's, wir machen hier für ein paar Minuten Halt, ihr Lieben«, schlug er heiter vor, »und haben eine kleine Lobpreis- und Anbetungszeit?«

Liedblätter wurden verteilt, und bald erfüllte der Klang fröhlicher Lieder und Choräle die milde Nachtluft.

Butterfield wusste als Einziger der Anwesenden, dass gleich hinter der dünnen Hecke, die das Feld eingrenzte, ein Bauernhaus stand. Ebenso wusste er als Einziger, dass der dort wohnende Bauer sich vermutlich gerade eines tiefen und erfrischenden Schlafes erfreute oder zu erfreuen versuchte, nachdem er sich während der vorausgegangenen vierzehn Tage von morgens bis abends nach Leibeskräften abgerackert hatte, um seine Ernte einzubringen.

Butterfield gelang es, sich unbemerkt ins Dunkel zu verkrümeln, während sich die dritte schallende Wiederholung von »Majestät« ihrem Ende näherte, doch das tat der Sangeslust der Nachtwanderer keinen Abbruch. Der kleine Chor war wirklich bestens eingestimmt.

Der Bauer mochte unter normalen Umständen ein Mann mit einer Engelsgeduld sein, doch es ist vielleicht verständlich, dass, als der Chor schließlich mit triumphierender Inbrunst das Lied »Bringt die Ernte ein« anstimmte, etwas in ihm zerriss.[13] Etwas zwischen einem Aufschrei und einem gedämpften, kehligen Fluchen war zu vernehmen, gefolgt von dem Geräusch heftig aufgestoßener Fensterläden und einer Salve von Schüssen, die der vor Schlafmangel halb wahnsinnige Bauer mit seiner Schrotflinte in den Nachthimmel über den Urhebern seiner Qualen abgab.

Schreckgepeinigt löste sich der Chor in seine Bestandteile auf und floh in die Nacht. Einer oder zwei der Sänger fanden erst gegen drei Uhr morgens den Weg zurück in die Schule.

Gemeindelebenskunst ist im Idealfall eine unauffällige Kunst. Butterfield selbst würde uns von der Warte des Alters und der Erfahrung aus sicherlich zustimmen, dass wir nicht zu Urhebern von Geschehnissen wie aus einem Tarantino-Film werden sollten. Unser Ziel ist es, die Menschen zu verwirren, nicht sie massakrieren zu lassen.

13 Der letzte Strohhalm vielleicht?

Sechster Teil

Die hohe Kunst des Schrittetuns

Diejenigen unter uns, die die Verantwortung für die Entwicklung der Gemeindelebenskunst auf uns nehmen, haben stets deutlich zu machen versucht, dass Studenten nicht durch Regeln oder Vorschriften gebunden sind. Wir ziehen es vor zu sagen, dass sie durch die Anwendung fester Richtlinien in günstige Positionen geleitet werden. Gewisse Aspekte der Anwendung der *Kunst des Schrittetuns* bieten uns hilfreiche Illustrationen für dieses Prinzip.

In diesem Bereich könnten die Richtlinien nicht klarer sein. Ein wahrer Gemeindelebenskünstler wird *niemals* von einem Posten oder einer Aufgabe in der Gemeinde zurücktreten, weil er »*genug davon hat, Leuten zu helfen*« oder »*nichts mehr damit zu schaffen haben will*« oder »*nicht sieht, was ihm das bringen soll*« oder »*die Nase gestrichen voll davon hat, dass die Leute sich an ihn hängen wie schwachköpfige Hühner*«. Ebenso wenig wie aus irgendeinem anderen ähnlich guten und echten Grund. Stattdessen wird er seine Absicht kundtun, einen *Schritt zurück*, einen *Schritt hinab* oder einen *Schritt zur Seite* zu tun.

Öffentlich angekündigte Entscheidungen, die Gemeindelebenskünstler oder -künstlerinnen zu ihrem eigenen Nutzen treffen (praktisch eine Tautologie), sollten vom Rest der Gemeinschaft *immer* als widerstrebend vollbrachte, aber notwendige Akte *aufopferungsvoller* Liebe wahrgenommen werden, und dies im Bereich der Rücktritte und der Aufgabe lästiger Verantwortungen zu erreichen ist der Zweck der *Kunst des Schrittetuns*.

Eine kurze Analyse der drei Varianten des Schrittetuns dürfte an dieser Stelle hilfreich sein, und ich danke David Withers aus Hinton-in-the-Hedges für seinen wertvollen Beitrag zu diesem Abschnitt. David bleibt als Gemeindelebenskünstler nach wie vor im Hintergrund, doch auf seine unauffällige Art und Weise hat er manche sehr nützliche und produktive Arbeit für uns geleistet.

1. Einen Schritt zurück tun

Dieser Ausdruck, der mir besonders ans Herz gewachsen ist, trägt Assoziationen einer stillen, maßvollen Weisheit in sich. Er deutet an, dass der Gemeindelebenskünstler zwar seine Verantwortungen abgibt, jedoch dabei auf Wachposition bleibt, jederzeit bereit, demjenigen, der ausgewählt wird, seine Stelle einzunehmen, zur Seite zu springen. Vor vielen Jahren, in den Siebzigern, gebrauchte ich eine besondere Formulierung (entnommen aus einem alten Handbuch über Gemeindelebenskünstler) gegenüber den Ältesten einer Brüdergemeinde in der Nähe von Dunstable, wo ich in einem schwachen Moment die Aufgabe übernommen hatte, für die Reinheit der sanitären Einrichtungen des Gemeindehauses zu sorgen.

»Der Herr möchte, dass ich für eine Zeit einen Schritt zurück von den Toiletten tue.«

Ich hatte keine Ahnung, was in diesem Zusammenhang »eine Zeit« sein könnte, außer vielleicht eine »Jahreszeit« (davon ausgehend könnte man annehmen, dass der Sommer jenes Jahres vielleicht die Jahreszeit war, in der man am besten einen Schritt zurück von öffentlichen Toiletten tat oder sie überhaupt ganz mied), und die Konstruktion des Satzes kam mir undurchschaubar seltsam vor, doch die Reaktion erfüllte durchaus meine Erwartungen. Nachdem man mir mit ernster Miene für meine Dienste an der Gemeinde in der Vergangenheit und für meinen Gehorsam für diesen neuen Ruf gedankt hatte, konnte ich für immer einen Schritt zurück von den Toiletten tun. War mir recht. Ein ekliger, mieser kleiner Job, der zu oft damit endete, dass ich selbst Hand anlegen musste, weil die freiwilligen Helfer anriefen und sich mit »Problemen zu Hause« entschuldigten oder einfach nicht erschienen.

2. Einen Schritt hinab tun

Triefend vor Demut, wie Honigwaben vor Süße triefen, kann dieser wunderbar gefühlvolle Ausdruck bei richtiger Anwendung ein anrührendes Bild des erschöpften Heiligen zeichnen, mit einem herzlichen, traurigen Lächeln der Selbstverleugnung auf seinen geduldigen, zerfurchten Zügen, gebeugt unter der Last des Bewusstseins, dass er abnehmen muss, damit irgendeine andere liebe Seele zunehmen kann. Die allgemeine Wahrnehmung, dass der Gemeindelebenskünstler großzügig einem anderen zuliebe seinen Platz räumt, ist sicherlich ein sehr attraktiver Bonus. So wird er nicht nur jedweden niederschmetternd öden Job los, den er sich unachtsamerweise aufgehalst hat, sondern kann auch mit einer Aura geistlichen Heldentums in die Zukunft gehen. In der Tat eine wertvolle Devise für den eifrigen Gemeindelebenskünstler.

3. Einen Schritt zur Seite tun

Eine interessante Variante der *Kunst des Schrittetuns*. Angedeutet wird hier, dass die betreffende Person auf eine andere und vermutlich höhere Ebene geistlichen Bewusstseins gerufen wurde, um sozusagen Anweisungen für die Zukunft zu empfangen. Daniel Feltham, ein notorischer Trinker und Atheist von nützlicherweise äußerst ätherischer Erscheinung, der vor vielen Jahren mit mir zusammen im Institut für Gemeindelebenskunst geschult wurde, sagt, er sei als geradezu Pater-Pio-ähnliche Gestalt verehrt worden, nachdem er von seiner Rolle als Vorsitzender des Gemeindehausausschusses »einen Schritt zur Seite getan« hatte, um »ein bevorstehendes Wort des Herrn zu erwarten«.

In den Wochen und Monaten nach seinem Rücktritt zog sich Daniel, dem man zugestehen muss, dass er seine Arbeit als Gemeindelebenskünstler äußerst ernst nimmt, mit still-unauffälliger Zurschaustellung von Gemeindegruppen zurück, ohne eine Erklärung abzugeben, und ließ sich später dabei beobachten, wie er schlaff an einer Wand lehnte und sehnsuchtsvoll in die Ferne starrte oder, wie ein Kind die Beine gerade von sich gestreckt, auf einer blumenübersäten Böschung saß, ein entrücktes Lächeln voll unschuldiger Ehrfurcht und Freude auf den Lippen (*Kurse zur Kultivierung dieser und anderer nützlicher Mienen finden nach Bedarf statt; Preis je nach Teilnehmerzahl – siehe Abbildung*).

Später, als sein mystischer Ruf seinen Höhepunkt erreichte, ging Daniel dazu über, mit einer Miene unruhiger Verlegenheit seine Handflächen zu verbergen, wann immer sich ihm jemand näherte, doch ich und die Mehr-

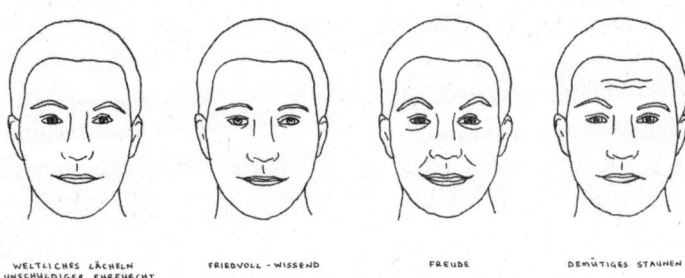

WELTLICHES LÄCHELN   FRIEDVOLL - WISSEND   FREUDE   DEMÜTIGES STAUNEN
UNSCHULDIGER EHRFURCHT

zahl meiner Kollegen hier im Institut finden, dass das doch ein wenig zu weit ging, selbst für einen Gemeindelebenskünstler.

Die Kunst, mehr Zeit mit der Familie zu verbringen

Noch eine Bemerkung zum Thema *Kunst des Schrittetuns.* Byron Marnott, ein alter Freund aus Sussex und ein Vertreter jener überraschend großen Gruppe von Leuten, die man als »unbewusste« Gemeindelebenskünstler bezeichnen könnte. Wandte oft seine eigene Version der *Kunst des Schrittetuns* an. Byron war ein Mann, der sich kopfüber in Gemeindeaktivitäten stürzte und mit großer Begeisterung daran teilnahm, bis er den Punkt erreichte, an dem stetige harte Arbeit erforderlich wurde. An dieser Stelle ließ er dann allenthalben verlauten, er gehe durch eine Phase »schmerzlicher innerer Auseinandersetzungen«. Diese gipfelten stets in der Entscheidung, sich zurückzuziehen, weil seine Familie unter seinem gemeindlichen Engagement zu leiden begann.

Es besteht kein Zweifel, dass Byrons Technik vorzüglich war, und seine öffentlichen Äußerungen bei diesen Gelegenheiten könnten direkt aus dem Handbuch zur Gemeindelebenskunst stammen. Ich sehe noch vor mir, wie er aufstand, sich aufrecht und wacker und treu vor die Gemeinde stellte und sagte:

»Freunde, ich musste mir in letzter Zeit die Frage stellen, wofür der Herr mich zur Rechenschaft ziehen wird, wenn ich ihm eines Tages von Angesicht zu Angesicht begegne. Meine Familie ist mir als heiliges Pfand anvertraut worden, und ich glaube, dass sie zumindest für die nächste Zeit meine oberste Priorität werden muss. Darum hoffe ich, Sie werden verstehen, dass ich mich aus der Arbeit, die ich für die Erhaltung unseres Gebäudes getan habe, zurückziehen muss – eine Arbeit, füge ich hinzu, die ich sehr liebe.«

Meisterhaft gesprochen, und das kleine emotionale Brechen in seiner Stimme, als er den Kopf senkte und jene lächerliche letzte Wendung vortrug (Byrons Frau berichtet, dass er rot anlief und mit farbenfrohen Kraftausdrücken um sich warf, wann immer er zu der kleinsten Aufgabe herangezogen wurde), war besonders eindrucksvoll. Der Fehler, den Byron machte, und hier liegt stets ein möglicher Stolperstein für diejenigen, die nicht von uns vernünftig in taktischer Zurückhaltung geschult wurden, war, dass er seine Effekte ohne jegliche Variation wiederholte. Wenn man sich ein paar Mal in etwas hineingestürzt und sich dann schmerzlich innerlich auseinandergesetzt und wieder verdrückt hat, kommt selbst eine Gemeinde der United Reformed Church dahinter, was da abläuft. Als seine Motivation infrage gestellt wurde, war Byron, dem es nie gelang, seinen »inneren Gemeindelebenskünstler« zu sehen oder anzuerkennen, zutiefst schockiert.

Einen Schritt hinauf tun?

Als Anhang zu diesem Abschnitt ist es von Interesse anzumerken, dass wir von etlichen Studenten gefragt wurden, ob es unserer Ansicht nach jemals einen guten Grund geben kann, *einen Schritt hinauf zu tun*. Die offizielle Antwort ist ein eingeschränktes Ja. Es gibt gewisse Umstände, in denen dies das Beste ist, was ein Gemeindelebenskünstler oder eine Gemeindelebenskünstlerin tun kann, wobei allerdings große Vorsicht zu walten hat, um eine Katastrophe zu vermeiden. Auch hier kommt es wieder ganz aufs richtige Timing an.

Stellen wir uns vor, in der Gemeinde liegt eine wirklich mühselige Aufgabe brach, eine, die mehr Zeit und Kraft erfordert, als man normalerweise erwarten kann. Hier liegt eine perfekte Gelegenheit für bereitwillige Gemeindelebenskünstler und -künstlerinnen. Warten Sie, bis Sie *absolut* sicher sind, dass sich ein anderer für die Aufgabe gemeldet hat, und dann tun Sie so bald wie irgend möglich *einen Schritt hinauf* und melden sich mit glühender Begeisterung freiwillig für den Posten. Das potenzielle Ergebnis könnte nicht perfekter sein. Sie streichen die ganze Ehre (und beträchtliches Mitleid) ein, ohne die harte Arbeit oder Verantwortung auf sich nehmen zu müssen.

Doch Vorsicht ist angebracht. Das richtige Maß an sichtlicher Enttäuschung, die in diesem Zusammenhang zu zei-

gen ist, bleibt dem Einzelnen überlassen, sollte jedoch kei-
nesfalls übertrieben werden. Dawn Cole, eines unserer Mitglieder im Norden, vermittelte den Eindruck, so untröstlich
bekümmert darüber zu sein, dass sie mit ihrer Bewerbung
zu spät kam, dass die Frau, die gerade den Job übernommen
hatte, vom Leiter des Ältestenkreises gebeten wurde, sich
ihrer zu erbarmen und zu verzichten, damit Dawn ihren
Platz einnehmen könnte. Es erforderte eine tiefe persönliche Tragödie, die einen längeren, kostspieligen Aufenthalt
in einem trostlosen kleinen Kaff in der Gegend von Flevo
in den Niederlanden unter beständigem Verzehr von Brat-
hähnchen mit Apfelsoße notwendig machte, um die ent-
setzte Dawn davor zu bewahren, sich für die nächsten zwei
Jahre ihre Wochenenden und mindestens zwei Abende in
der Woche von der Backe putzen zu müssen. Manchmal ist
weniger eben doch mehr.

Die Kunst des Freiwilligmeldens

Angesichts der Erfahrung von Dawn Cole fragen Sie sich vielleicht, ob es für Gemeindelebenskünstler und -künstlerin-
nen nicht sicherer wäre, sich niemals freiwillig zu melden?
   Über die richtige Antwort auf diese Frage wird viel debattiert, doch ich halte es für angebracht, dazu Butterfield zu
zitieren:

> »Der gute Gemeindelebenskünstler meldet sich für *alles*
> freiwillig.«[14]

14   Kursive Hervorhebung von mir.

Abgesehen von Butterfields leichtem Hang zur Übertrei-
bung (in Butterfields Welt ist weniger immer weniger und
mehr ist unweigerlich noch mehr als mehr), muss ich
sagen, dass wir hier im Institut für Gemeindelebenskunst
im Großen und Ganzen mit seiner Sicht übereinstim-
men. Gemeindelebenskünstler und -künstlerinnen tun gut
daran, zu Serienfreiwilligen zu werden, um sich so den Respekt und die Bewunderung des Gemeindevolkes zu erwerben. Wie aber, so werden Sie zu Recht fragen, vermeidet
man die grässliche Möglichkeit, am Ende gar die Dinge tun
zu müssen, für die man sich freiwillig gemeldet hat? Wir
meinen, durch genaues Beachten unserer Liste von Tipps
und Richtlinien lassen sich die meisten dieser Probleme
umgehen.

a) Tun Sie Ihr Bestes, um sich für solche Aufgaben zu
    melden, die bereits von jemand anderem übernom-
    men worden sind (siehe den Anhang zu *Einen Schritt
    hinauf tun?* unter *Die Kunst des Schrittetuns*).
b) Gute Planung ist alles. Bevor Sie sich zu einer ein-
    maligen Aktivität melden, schauen Sie immer erst in
    Ihrem Kalender nach, um sicherzustellen, dass Sie
    an dem betreffenden Tag nicht können.
c) Melden Sie sich mit jämmerlich sehnsüchtigem
    Schwung und Eifer für Aufgaben, die Fähigkeiten
    und Kenntnisse erfordern, an denen es Ihnen auf der
    ganzen Linie mangelt. Mangelnde Übung oder Erfah-
    rung mit Elektro- und Klempnerarbeiten ist in die-
    sem Zusammenhang besonders nützlich. Denken
    Sie jedoch immer daran, dass manche dieser Aufga-
    ben vielleicht auch aus schlichter Arbeit bestehen.

Gehen Sie kein Risiko ein. Erkunden Sie die Lage, bevor Sie hingehen!

d) Falls Sie sich entschließen, sich freiwillig für praktische oder körperliche Arbeiten in der Gemeinde zu melden, bringen Sie vorher in Erfahrung, was dazu erforderlich ist, und sorgen Sie dafür, dass Sie mit einer Armschlinge, einem Gipsverband oder einem Fingerling, einer Augenklappe oder auch einem behindernden Fremdkörper in einem Schuh erscheinen, sodass, nachdem Sie mit verzweifelt leuchtenden Augen Ihre Dienste angeboten haben, jemand ihnen freundlich, aber entschieden ausreden muss, sich an der Arbeit zu beteiligen. (*Eine große Auswahl hinderlicher Utensilien sind beim Institut für Gemeindelebenskunst zu verschiedenen günstigen Preisen erhältlich – siehe Abbildung.*)

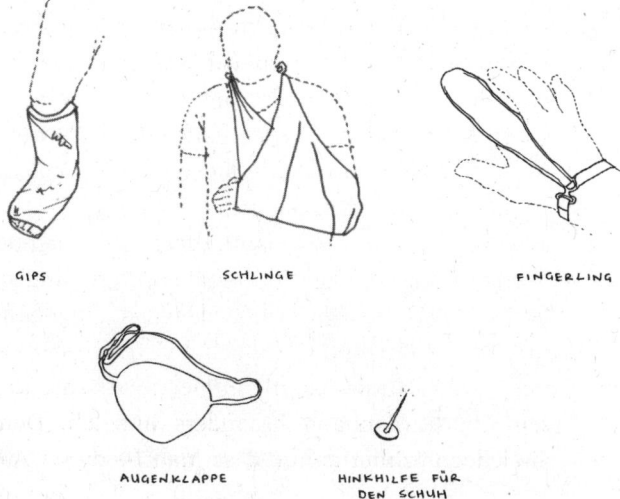

GIPS   SCHLINGE   FINGERLING

AUGENKLAPPE   HINKHILFE FÜR
DEN SCHUH

e) Der selektive und gefühlvoll sparsame Einsatz von Phobien kann sehr hilfreich sein. So ziemlich jede Aufgabe unter der Sonne hat eine Phobie, die zu ihr passt, wie wir herausfanden, nach dem in einem unserer letzten Rundbriefe ein Artikel erschienen war, in dem wir Gemeindelebenskünstler und -künstlerinnen baten, uns ihre Erfahrungen mit diesem Manöver mitzuteilen. Es folgt eine Auswahl von Auszügen aus den Antworten, die wir erhielten, zur gefälligen Kenntnisnahme und Erbauung unserer Leser.

Arbeiten in engen Räumen, etwa im Stauraum unter dem Kirchenfußboden – Klaustrophobie.
Arbeiten im Gemeindegarten, auf dem Friedhof oder sonst unter freiem Himmel – Agoraphobie.
Arbeiten auf einem trockenen, staubigen Dachboden oder in einer Krypta – Asthma / Arachnophobie / Amathophobie (Furcht vor Staub).
Reinigen eines stinkenden alten Teiches zum Wohle der Allgemeinheit – Hydrophobie (Furcht vor dem Wasser) oder Batrachophobie (Furcht vor Fröschen, Molchen usw.).
Reparaturen am Kirchendach – Hypsiphobie (Höhenangst).
Mahlzeiten zu betagten ausländischen Immigranten bringen – Xenophobie.
Teilnahme am Kursus des Bischofs für die Fastenzeit – Porphyrophobie (Furcht vor der Farbe Lila).
Mithelfen in der Jugendgruppe – Ephebiphobie (Furcht vor Teenagern).

Zahlen für einen prophetischen Makrameeabend aus-
denken – Linonophobie (Furcht vor Schnüren).

Parkplatzdienst bei einer christlichen Veranstaltung –
Motorphobie (Furcht vor Autos) und Ichthyophobie
(Furcht vor Fischen).

Teilnahme an Versammlungen, bei denen über Neuerungen gesprochen wird – Neophobie (Furcht vor
allem Neuen).[15]

Mit einer Gruppe einsamer Leute im chinesischen
Restaurant essen gehen – Consecotaleophobie
(Furcht vor Stäbchen).

Bei der Essenszubereitung helfen, für wen oder aus
welchem Anlass auch immer – Cibophobie (Furcht
vor Lebensmitteln).

Teilnahme am Gebetstreffen Mitte der Woche – Mono-
phobie (Furcht vor dem Alleinsein).

Mithilfe bei evangelistischen Veranstaltungen – Eupho-
bie (Furcht vor guten Nachrichten).

Offensichtlich sind diese und andere Phobien (*vollständige Liste erhältlich beim Institut für Gemeindelebenskunst zum Preis von drei Pfund einschließlich Porto und
Verpackung*) sparsam und mit dem fein polierten
Furnier der Intelligenz anzuwenden, das wir von unseren besten Studenten erwarten. Dermot O'Brien
von der Cornerstone Fellowship in Derry hätte um
ein Haar dieses schöne Manöver für alle Gemeindelebenskünstler und -künstlerinnen ruiniert, als er die

---

15 Dürfte im Kontext anglikanischer oder methodistischer Versammlun-
    gen wenig überzeugend wirken.

absurde Behauptung aufstellte, er leide an Pano-
phobie (der Furcht vor allem). O'Brien wurde dann
ein Strenger und Geschlossener Zweiten-Tags-Baptist
und entdeckte, dass sein unüberlegtes Manöver eine
selbsterfüllende Prophezeiung war.

f) Falls Sie in einen Hinterhalt geraten oder durch eine
Bitte um Mithilfe überrascht werden, schlagen wir vor,
Die Kunst des vorläufigen Jasagens ins Spiel zu bringen.
Die Anwendung ist einfach. Geben Sie einen Laut
ungläubigen Entzückens über die Aussicht von sich,
versichern Sie der anfragenden Person, Sie seien sich
zu neunundneunzig Komma neun Prozent sicher,
dass Sie zur Verfügung stünden, um dann aufgeregt
nach Hause zu eilen, um »die Termine zu überprüfen«. Später am selben Abend müssen Sie dann ein
angemessen niedergeschmettertes Telefonat führen
und mit kleinlauter Stimme mitteilen, dass Ihnen,
nachdem Sie verzweifelt und vergeblich versucht haben, Termine in Ihrem Kalender zu verschieben,
keine Wahl bleibt, als Ihre Zusage zurückzuziehen.
Ein kaum merklicher Anflug eines Schluchzens kann
hier durchaus in Betracht gezogen werden.

Abschließend ist es wichtig, noch einmal die durchschlagenden Wirkungen einer richtig angewandten *Kunst des Freiwil-
ligmeldens* zu unterstreichen. Philip Ayreton, der eine große
anglikanische Gemeinde in Harborne bei Birmingham infi-
ziert, berichtet, er habe sich in der ganzen Gemeinde den
Ruf erworben, er sei »willens und bereit, überall Hand an-
zulegen, wo es etwas zu tun gibt«. Eine bemerkenswerte
Leistung, bedenkt man, dass Ayreton, obwohl er sich für so

ziemlich *alles* freiwillig gemeldet hat, noch nie *irgendetwas* getan hat; und überdies eine herzerwärmende Bestätigung unseres Gemeindelebenskunstmottos, das immer noch in Stein gemeißelt über dem Haupteingang unseres guten alten Institutsgebäudes in Frome prangt:

SITUS USUSFRUCTUM ADDIT [16]

16 Faulheit bringt Gewinn.

Siebter Teil

Die hohe Kunst des Ablenkens

In diesem Jahr sind auf dem wichtigen Gebiet der *Kunst des Ablenkens* wieder enorme Fortschritte erzielt worden. Dieses Manöver, ein entscheidender Zweig der *Kunst des Aus-der-Fassung-Bringens* (siehe den Abschnitt über *Die hohe Kunst des Aus-der-Fassung-Bringens*), besteht darin, Redner und Prediger zu verblüffen und allgemein abzulenken. Das Letzte, was Gemeindelebenskünstler und -künstlerinnen gebrauchen können, wäre es, in eine dynamische, wirklich geistliche Ethik oder Atmosphäre hereingezogen zu werden. Nun, um ein Klischee zu verwenden, Vorbeugen ist besser als Heilen. Wenn es gelingt, den Redner schon im frühen Stadium seiner Ansprache aus dem Gleichgewicht zu bringen, lässt sich vieles Unwillkommene vermeiden. Einige der nützlichsten Manöver, die uns bekannt sind, seien hier aufgelistet.

1. Das Notizbuchmanöver

Ein Gemeindelebenskünstler oder eine Gemeindelebenskünstlerin, die sich dieses vorzüglichen Manövers bedienen wollen, müssen zwei wesentliche Anforderungen erfüllen.

Erstens ist es unerlässlich, schon frühzeitig am Veranstaltungsort einzutreffen (angetan mit schwarzrandiger Brille und möglichst gekleidet im Stil eines Gymnasiallehrers, dessen Ehrgeiz es ist, Schriftsteller zu werden), um einen

Platz zu besetzen, der sich in der ersten Reihe unmittelbar gegenüber dem späteren Standort des Redners befindet.

Zweitens müssen Sie mit einem Notizbuch ausgestattet sein, vorzugsweise mit einem so genannten »Reporternotizbuch«, bei dem die Seiten an einer speziellen Drahtspirale umgeblättert werden, und einem Kugelschreiber, der mit dem Daumen geklickt wird, um die Spitze zum Vorschein zu bringen oder verschwinden zu lassen (*spezielle »Pawker«-Kugelschreiber sind erhältlich beim Institut für Gemeindelebenskunst, ausgestattet mit »extra lauter Klicktechnik« zum Preis von acht Pfund pro Stück, einschließlich Porto und Verpackung – siehe Abbildung*).

Phase eins – kurz bevor der Redner mit seiner Ansprache beginnt, und *nur dann*, wenn er oder sie in die grobe Richtung der ersten Sitzreihe blickt, nehmen Sie Ihr Notizbuch heraus, schlagen eine unbeschriebene Seite auf und lassen Sie es vorsichtig auf Ihrem Knie balancieren. Sobald der Redner zu sprechen beginnt, nehmen Sie Ihren Kugelschreiber heraus, klicken Sie ihn in Bereitschaft (*falls Sie einen In-*

stitutskugelschreiber verwenden, stellen Sie vorher die Klicklaut-stärke auf »8«) und halten Sie ihn einsatzbereit unmittelbar über Ihrem aufgeschlagenen Notizbuch schweben.

Phase zwei – mustern Sie stetig und ohne zu lächeln etwa zweieinhalb Minuten lang das Gesicht des Redners, während er spricht, dann lassen Sie erneut den Kugelschreiber klicken (*Lautstärke auf »10« stellen*), klappen Ihr Notizbuch zu und stecken Sie Kugelschreiber und Notizbuch in Ihre Innentasche. Lehnen Sie sich auf Ihrem Stuhl zurück, verschränken Sie die Hände hinter Ihrem Kopf und schauen Sie nach links und rechts, als ob Sie nach irgendeiner Zerstreuung suchten. Ein leichtes Kopfschütteln und ein kaum hörbares frustriertes Seufzen können an dieser Stelle ebenfalls sehr hilfreich sein.

Bisher haben wir für dieses ausgezeichnete Manöver nur Lob gehört. C. Telfor, früher aus Glasgow, berichtet, ein Geistlicher der Kirche von Schottland sei über Telfors Schnaufen und Prusten und Schmollen und abfälliges Posieren so aus der Fassung geraten, dass er seine Brille fallen ließ, die Punkte drei, fünf, sechs und sieben aus seiner Zehn-Punkte-Predigt übersprang und zum Schluss eine Zusammenfassung der Lehren darbot, die wir aus einem eingehenden Studium der Begegnungen zwischen Mose und Gott im Buch der Offenbarung ziehen könnten.

2. Das Blick-auf-die-Uhr-Manöver

Natürlich gibt es eine erstaunlich große Bandbreite an Blick-auf-die-Uhr-Manövern, unter denen die rasche Handgelenk-drehung in Hüfthöhe bei gesenktem Blick eines der bekann-

testen ist. Wir vom Institut für Gemeindelebenskunst empfehlen diese bewährte Praktik gern, zumal es gerade die
(vorgebliche) Unauffälligkeit der Bewegung ist, die besonders enervierend auf den Redner wirkt. Um die maximale
Wirkung zu erzielen, wartet ein guter Gemeindelebenskünstler die Stelle in der Ansprache ab, an der der Prediger selbst glaubt, besonders bewegend oder amüsant oder
tiefsinnig zu sein. Dies ist niemals schwer zu erkennen,
da der Betreffende seine Brust leicht anschwellen und anscheinend zusätzliche körperliche Stabilität gewinnen wird.
Nichts kann einen Redner mehr deprimieren, als wenn er
mitten an seiner besten Stelle merkt, dass einer seiner Zuhörer die Minuten zu zählen scheint, bis seine elenden Qualen vorüber sind.

3. Das Ermutigungsmanöver

Es mag wie eine Ironie erscheinen, dass das Institut für Gemeindelebenskunst ein negatives Konzept wie Ermutigung
verficht, doch wie der mit einem mächtigen Kiefer ausge-
stattete Butterfield[17] in seinem unterhaltsamen und lehrrei-

---

17 Butterfields Kiefer ist wirklich außergewöhnlich. Wenn er lächelt,
    klappt sein ganzer Mund auf und öffnet sich zu einem Spalt, der halb
    um seinen Kopf herumzureichen scheint, ganz zu schweigen von der
    Tatsache, dass er anderthalb mal so viele Zähne zu haben scheint wie
    jeder andere. Manchmal ist außer diesem Lächeln gar nichts nötig. Ein
    Gastprediger, der über das Thema »Blumen der Vergebung, verwurzelt
    im üppigen Mulch der Liebe« sprach, gestand mir einmal, er habe
    schon nach zwei Minuten dieses delfinähnlichen Grinsens große Lust
    gehabt, »hinunterzugehen und Butterfield mit einem schweren und
    scharfkantigen Gegenstand so schwer wie möglich zu verletzen«.

chen Büchlein *Lächeln als Breitensport* so richtig bemerkt,
kann die geschickte Anwendung dieses Manövers einen
Redner fast so weit ausbremsen, dass er komplett ins Sto-
cken gerät. Butterfield schildert seine Technik im Umgang
mit Gastrednern mit gewohntem Detailreichtum.

»Ich achte immer darauf, sehr frühzeitig zum Veranstaltungsort zu kommen, damit ich mich noch kurz mit dem
Prediger unterhalten kann, bevor er beginnt. Dann packe
ich ihn fest am Oberarm, schaue ihm sehr ernst in die
Augen und lasse ihn wissen, dass ich während seiner gesamten Ansprache dagegen anbeten werde, dass sich die
ungehobelten Unmuts- und Protestäußerungen, die wir
in letzter Zeit von dem einen oder anderen Mitglied der
Gemeinde erlebt haben, *wiederholen*.[18] Dann verziehe ich
mein ganzes Gesicht zu einem strahlenden, kohlkopfarti-
gen ermutigenden Grinsen und versichere ihm, ich werde
direkt in der ersten Reihe sitzen und ihn vom ersten bis
zum letzten Wort, das er sagt, nach Kräften unterstützen.

Schon diese einfache Vorarbeit an sich kann manchmal genügen, das Selbstvertrauen des Redners beträcht-
lich zu untergraben, doch erst der zweite Teil des Manövers wird ihm sozusagen den Gnadenstoß versetzen.

Sobald der Redner den Mund aufmacht und zu sprechen beginnt, klemme ich meine Unterlippe unter die
Zähne, setze ein wohlwollendes, anerkennendes und
ermutigendes Lächeln auf und beginne mit der Ausführung einer langsamen, rhythmischen Nickbewegung
meines Kopfes.

18 Kursive Hervorhebung von mir.

Dabei sind folgende Punkte zu beachten:

Erstens sollten sich der Rhythmus und der Stil des Lächelns und Nickens nicht im Geringsten verändern, ob der Redner nun eine witzige Geschichte erzählt oder vom Tod seiner Mutter berichtet. Ich würde so weit gehen zu sagen, dass die Reaktion niemals mit dem Inhalt in Berührung gelangen sollte. Eintönige, wahllose Ermutigung kann einen Mann beinahe zum Mörder werden lassen.

Zweitens deuten Erfahrung und Experimente darauf hin, dass in diesen Situationen eine diagonale Haltung des Kopfes (*siebenundvierzig Grad ist der vorgeschlagene Winkel für die meisten Manöver dieser Art – siehe Abbildung*) stets wirkungsvoller ist als eine senkrechte. Warum das so ist? Wer kann das sagen? Wir müssen im Mysterium leben.

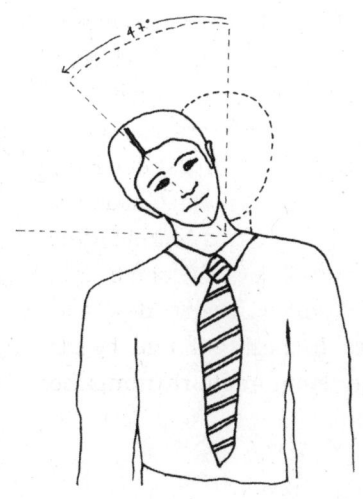

Drittens hat meine vorletzte Freundin Venus Potterton, selbst eine beachtliche Gemeindelebenskünstlerin, eine höchst scharfsinnige Frage gestellt. Warum sollte man diese Vorgehensweise nicht zusätzlich mit dem *Blick-auf-die-Uhr-Manöver* würzen? Ein brillanter Gedanke.

Unser nächster Gastredner war ein Mann namens Lowell Chamberlain, ein großer, blonder, selbstbewusster Mann, der zu uns über das Thema ›Innere Gelassenheit‹ sprechen wollte. Etwa in der Mitte seiner Ansprache hatte ihm meine intensive, unablässige, diagonale Ermutigung aus der ersten Reihe bereits alles geraubt, was er je an innerer Gelassenheit besessen haben mochte. Als ich dann für einen kaum wahrnehmbar winzigen Moment hinunter auf meine Uhr blickte, ohne mein Lächeln und Nicken auch nur im Geringsten zu unterbrechen, schien in Lowell etwas auszurasten. Wie gelähmt verstummte er für mehrere Sekunden, um dann den (abgekürzten) Rest seines Vortrags mit schwacher, wehmütiger, flehender Stimme direkt an mich zu richten.

Ich glaube mich zu erinnern, dass er sich hinterher von jemandem nach Hause fahren lassen musste, weil er nicht sicher war, ob er fahrtüchtig sei.«

Butterfields spezifischer Einsatz von Ermutigung in diesem Kontext ist konstruktiv und funktioniert offenkundig, wobei allerdings zu beachten ist, dass die Einsatzmöglichkeiten der Ermutigung viel breiter sind. Dies kann jedoch auch zu weit getrieben werden. Sydney Adams, der (bis zu den im Folgenden geschilderten Ereignissen) unten im finstersten Wiltshire die Fahne der Gemeindelebenskunst hochhielt, arbeitete in der dortigen New-Frontiers-Gemeinde, zu der er damals gehörte, emsig daran, sich den Ruf zu erwerben, er habe die *Gabe der Ermutigung*. Die Resultate waren dramatisch, jedoch fatal für seine Zukunft in jener Gemeinde. Sydney gelang es, einen jungen Mann davon zu überzeugen, er sei in der Lage, die Wohnung eines ans Haus gefesselten Gemeindeglieds zu renovieren und zu dekorieren. Da der fragliche junge Mann bisher in seinem Leben noch nicht einmal eine Torte dekoriert hatte, war der Ausgang katastrophal, und alles musste noch einmal von einem Fachmann gemacht werden, der ein Vermögen dafür berechnete.

Sydneys größter Triumph (oder seine größte Katastrophe) jedoch, und die Situation, in der er sich schließlich übernahm und daraufhin gebeten wurde, die Gemeinde zu verlassen, war ein Konzert für Klavier und Violine, das eines Abends im Gemeindesaal von zwei musikalisch völlig unbewanderten Damen mittleren Alters dargeboten wurde. Über einen längeren Zeitraum hinweg hatte Sydney Miss Edwards und Miss Cornelius dazu herausgefordert, sich darin zu üben, zu glauben, dass Gottes Möglichkeiten nicht eingeschränkt sind wie die Möglichkeiten von Männern und Frauen.

»Was ist nur los mit uns?«, tönte er ihnen eindringlich vor. »Warum setzen wir Gott Grenzen? Die Welt sagt, Sie können keine Musikinstrumente spielen, nur weil Sie es nie gelernt hatten, aber wir sind doch nicht von der Welt, oder? Sind wir das? Nun? Sind wir das? Kommen Sie! Wir wissen, dass denen, die wirklich glauben, alle Dinge möglich sind. Ich möchte, dass Sie im Saal auf die Bühne gehen und im Glauben spielen!«

Am Aufführungsabend erschien eine recht große Zahl von Leuten zu dem Konzert, viele von ihnen fasziniert davon, dass es in der Gemeinde solch unvermutete Talente gab. Soweit sie wussten oder glaubten, hatten Miss Edwards und Miss Cornelius noch nie etwas davon erwähnt oder erkennen lassen, dass sie sich für irgendwelche Musikinstrumente interessierten oder etwas davon verstanden. Diese ihre Überzeugung war vollkommen berechtigt. Der Lärm, den die beiden jungfräulichen Damen machten, als sie sich kopfüber in ihre Höllenduette stürzten, war von atemberaubender Grausigkeit. Das Publikum hatte nicht nur unter der entsetzlichen Kakofonie zu leiden, sondern auch darunter, dass es die schreckliche Entscheidung treffen musste, ob es am Ende jedes akustischen Albtraums klatschen sollte oder nicht.

Das war das Ende für Sydney. Wie schon so mancher unvorsichtige Gemeindelebenskünstler vor ihm war er einen Schritt zu weit gegangen. Die Gemeindeältesten warfen ihn hinaus. Doch er lässt sich nicht unterkriegen. Als wir das letzte Mal von ihm hörten, gab er Kurse für prophetischen Breakdance für Senioren in Saffron Walden und verstärkte damit noch den Druck auf die bereits angespannte finanzielle Situation der örtlichen Gesundheitsdienste.

4. Das Aufstehen-und-herumlaufen-Manöver

Häufig kommt es bei der Gemeindelebenskunst aufs Timing an. Nirgends ist das mehr der Fall als bei diesem Manöver. Es besteht ganz einfach darin, an einer entscheidenden Stelle der Predigt oder Ansprache (siehe Bemerkungen zum *Blick-auf-die-Uhr-Manöver*) und so auffällig in der Kirche oder im Saal herumzulaufen, dass alle Anwesenden in ihrer Aufmerksamkeit abgelenkt werden. Der Redner bleibt sozusagen gestrandet zurück und muss mit seinen Gefühlen ohnmächtiger Wut fertig werden, während er sieht, wie die Blicke der ihm schäfchenhaft Lauschenden unaufhaltsam von ihm weg auf die Ursache der Störung gezogen werden.

Es gibt unterschiedliche Meinungen über die bestmögliche Art der Anwendung dieses Manövers, doch Analysen weisen darauf hin, dass sich in den letzten Jahren zwei hauptsächliche Herangehensweisen herausgebildet haben. Die erste ist der *Elefanten-Zehenspitzengang* oder ET, wie er in Gemeindelebenskünstlerkreisen genannt wird. William Custer aus Norwich, liebevoll »Der General« genannt, hat uns freundlicherweise geschildert, wie er in seiner eigenen Gemeinde im vergangenen Jahr »einen EZ abgezogen hat«.

»Der Mann, der die Ansprache hielt, hatte wirklich gut auf einen Höhepunkt hingearbeitet, und ich beobachtete ihn genau und hörte aufmerksam zu, um den besten Moment für meinen EZ nicht zu verpassen. Dieser kam, als er nach den folgenden aufrüttelnden Worten eine eindrucksvolle Pause machte:

›Und so, liebe Freunde, kommen wir endlich zu der Frage, die im Zentrum all dessen steht, was wir sind und sein möchten. Und ich bitte Sie alle, sich in den nächsten ein, zwei Minuten, während wir schweigend dasitzen und Gott einladen, zu uns zu sprechen, diese Frage zu stellen. Die Frage ist diese: ...‹

Angetan mit meinen soliden schwarzen Straßenschuhen mit Steppplatten an Spitze und Ferse (*Platten erhältlich beim Institut für Gemeindelebenskunst zum Preis von zwölf Pfund je Satz, einschließlich Porto und Verpackung – siehe Abbildung*), erhob ich mich von meinem Stuhl und machte mich auf den Weg an der Bühne entlang und dann durch den Mittelgang, mitten durch die Gemeinde hindurch, etwa in Richtung der Toiletten.

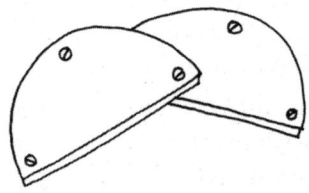

Natürlich beachtete ich die erste Regel des EZ: *Nur keine Eile.* Im Gegenteil, ich bediente mich einer mühsamen, zeitlupenähnlichen, akribisch beherrschten Fortbewegungsweise, mit balancierend ausgebreiteten Armen und jeden Fuß mit übertriebener Sorgfalt hebend und senkend, als wäre ich verzweifelt bemüht, die Versammlung nicht zu stören. In Wirklichkeit natürlich erreichte ich mein eigentliches Ziel, nämlich die Versammlung komplett aufzulösen. Meine bizarre, spinnenhafte Progression durch die Kirche, bei jedem Senken eines Fußes betont von einer quälenden Pause vor dem Aufsetzen der Metallplatte, fesselte mühelos die Aufmerksamkeit aller Anwesenden.

Der Redner, dem nichts anderes übrig blieb, als mit matter Stimme auf die Seiten der Köpfe der Leute einzureden, bis ich endlich in der Herrentoilette verschwunden war, tat sein Bestes, um sich wieder zu fangen, doch seine neurotische Sorge davor, dass ich ja jeden Moment wieder auftauchen würde, kann ihm dabei, gelinde gesagt, keine Hilfe gewesen sein.«

Vielen Dank und beste Glückwünsche an W. Custer. Ich sollte noch erwähnen, dass die von ihm erwähnten Metallkappen nicht nur auch in Kindergrößen beim Institut für Gemeindelebenskunst erhältlich sind (*zum Preis von acht Pfund je Satz, einschließlich Porto und Verpackung – siehe Abbildung zum Vergleich mit dem Modell für Erwachsene*), sondern bereits überall im Vereinigten Königreich im häufigen Einsatz sind, wie sich in einer Vielzahl von Kirchen und Gemeinden an fast jedem Sonntag des Jahres hören und beobachten lässt.

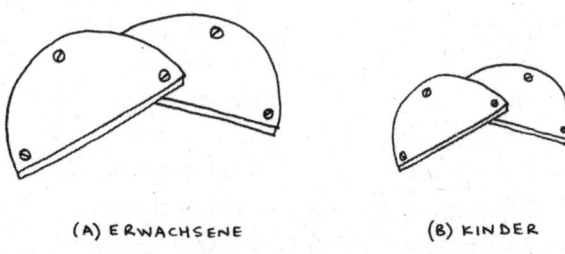

(A) ERWACHSENE   (B) KINDER

Die zweite Hauptlinie beim *Aufstehen-und-herumlaufen-Manöver* ist bekannt als das *Wichtige-Angelegenheit-Manöver* oder WAM. Es ist richtig, dass das WAM und der EZ sich insofern ähneln, als beide im für den Redner denkbar ungünstigsten Moment initiiert werden müssen, doch die

WAM eignet sich vielleicht besser für jüngere, aktivere Gemeindelebenskünstler und -künstlerinnen, die sowohl über Geschmeidigkeit als auch über Geschwindigkeit verfügen. Um ein optimales Ergebnis zu erzielen, wenden Sie die Elemente des Manövers in der hier beschriebenen Reihenfolge an.

a) Achten Sie darauf, dass zu Beginn der Ansprache ein kleiner Stapel bedruckter Blätter auf Ihrem Schoß liegt. Blättern Sie den Stapel durch und nicken Sie still und zufrieden vor sich hin, als vergewisserten Sie sich, dass alle Vorkehrungen und Details richtig organisiert worden sind. (Die Tatsache, dass Sie nicht das Geringste mit der Organisation des Abends zu tun haben, ist irrelevant, versteht sich.)

b) Wiederum zu jenem sorgfältig gewählten Zeitpunkt in der Mitte des Vortrags ziehen Sie eines der Blätter aus dem Stapel heraus, als wäre Ihnen gerade ein katastrophales Versäumnis oder Problem bewusst geworden. Zeigen Sie Anzeichen der Erregung. Rasche Kopfdrehungen und Nagen an den Fingerknöcheln sind empfehlenswert.

c) Erheben Sie sich halb von Ihrem Sitz und spähen Sie über die Köpfe der Versammlung hinweg, als versuchten Sie die einzige Person in der Kirche ausfindig zu machen, die vielleicht imstande sein könnte, Ihr brennendes Problem zu lösen. Tun Sie so, als hätten Sie diese Person plötzlich entdeckt, und winken Sie mit ihrem Blatt Papier irgendwo in die Richtung der hintersten Reihe, um Ihre Absicht anzuzeigen, den Saal zu durchqueren, um sich Rat oder Hilfe zu holen.

d) Verlassen Sie Ihren Platz und machen Sie sich, von der Hüfte ab tief gebückt (um Ihren gemeinnützigen Wunsch zu demonstrieren, niemandem die Sicht zu nehmen und die Aufmerksamkeit für die Botschaft nicht zu stören – siehe Abbildung), so rasch und dringlich, wie es Ihre gebeugte Haltung erlaubt, auf den Weg zum hinteren Ende des Saals. Wählen Sie ein Mitglied der Versammlung aus, das auf einem der am schlechtesten zugänglichen Plätze sitzt, und bahnen Sie sich Ihren Weg zu dieser Person, wobei Sie denen, an denen Sie sich dabei vorbeischieben müssen, Entschuldigungen zuflüstern.

STEPPPLATTEN
(ERWACHSENE)

Sobald Sie die zufällig ausgewählte Person erreicht haben, führen Sie ein angespannt geflüstertes, einseitiges Gespräch mit ihr. Gebrauchen Sie dabei Formulierungen wie »Wissen Sie, wer dafür verantwortlich ist?«, und stochern Sie dabei mit dem Zeigefinger besorgt auf das Blatt Papier ein. Die Tatsache, dass der Betreffende nicht die leiseste Ahnung hat, was eigentlich los ist oder wovon Sie sprechen, ist dabei nur wünschenswert. Seine leise Beängstigung, Sorge und Verwirrung kann den entstandenen Eindruck der Dringlichkeit nur noch verstärken.

e) Vielleicht haben Sie das Gefühl, dass es dem Redner trotz allem nach wie vor gelingt, seine Zuhörerschaft zu fesseln. In diesem Fall sollten Sie durch Mimik und Gestik den Eindruck erzeugen, dass die Person, die Sie belagern, Sie an jemand anderen an einem ebenso unzugänglichen Platz auf der anderen Seite des Saals weiterverweist, der *eigentlich* derjenige ist, der Ihr Problem lösen kann. Wenn auch Ihre ungeschickt polternde, vernehmlich Entschuldigungen murmelnde Progression in Richtung Ihres zweiten unschuldigen Opfers nicht die erwünschte Wirkung zeigt, wissen Sie, dass Sie es mit jemandem zu tun haben, der entweder weniger oder mehr als ein Mensch (oder vielleicht auch ein hoch qualifizierter Gemeindelebenskünstler) ist, und Sie tun gut daran, sich still hinten hinzusetzen, bis der Vortrag zu Ende ist.

5. Das Gähnmanöver

Gelegentlich wird behauptet, Gähnen sei in der Kirche bereits zu verbreitet und alltäglich, als dass es noch als ein Manöver der Gemeindelebenskunst im eigentlichen Sinne gelten könnte. Wir können dieser Ansicht nicht zustimmen. Nach unserer Überzeugung ist *Gähnen*, richtig verstanden und ausgeführt, nach wie vor eines der nützlichsten Werkzeuge, die denen, die sich regelmäßig in der *Kunst der Ablenkung* betätigen, zu Gebote stehen.

Im letzten Frühjahr beauftragten wir Esmond Perce[19], *den* anerkannten Experten auf diesem Gebiet, eine kleine Broschüre mit dem Titel »Einführung in die Gähnetik« zu verfassen (*erhältlich beim Institut für Gemeindelebenskunst zum Preis von vier Pfund, fünfzig Pence, oder genau zwanzig Pfund mit speziell angefertigtem Kopfklammerspiegel, einschließlich Porto und Verpackung – siehe Abbildung*), in der die *Gähnmanöver*, die im Lauf von vier Jahrzehnten entwickelt wurden,

---

19 Ich kann Esmond Perce nicht erwähnen, ohne auf seine vorzügliche und weithin unterschätzte *Über-die-Schulter-Masche* hinzuweisen. Hier ist Esmonds eigene Darstellung, wie sie idealerweise funktioniert.

»Ideal im Gedränge (beim Kaffeetrinken nach dem Gottesdienst zum Beispiel), wo es gilt, einen anderen zurechtzustutzen oder aus der Fassung zu bringen. Ich setze diese Masche in Gang, indem ich die Person bewusst in ein Gespräch verwickle. Nachdem ich einige Minuten lang eindringlich und unaufhörlich über mich selbst geredet habe, halte ich inne und stelle dem anderen mit allem Anschein tiefen Interesses eine Frage über ihn selbst (ein Lieblingsthema für neunundneunzig Prozent der Bevölkerung, egal ob Christen oder nicht). Sobald er mit seiner Antwort Fahrt aufgenommen hat und wirklich mit Energie und Konzentration redet, lasse ich meinen Blick abschweifen. Ich starre über eine seiner Schultern hinweg, als ob ich entweder hoffe, jemand anderen zu entdecken, der interessanter ist, oder fürchtete, jemand Wichtigeren zu verpassen.

Irgendwann merkt der Sprecher natürlich, dass ich nicht mehr zuhöre, und seine Stimme wird sozusagen langsam verebben, bis ich meine Aufmerksamkeit wieder dem Gesagten zuwende und geistesabwesend nicke. Danach wiederholt man den Vorgang einfach je nach Erfordernis. Damit können Sie in nahezu allen Fällen garantiert mindestens Verärgerung hervorrufen.«

klar kategorisiert werden. Drei Beispiele führen wir hier an.
Übung ist in allen Fällen entscheidend.

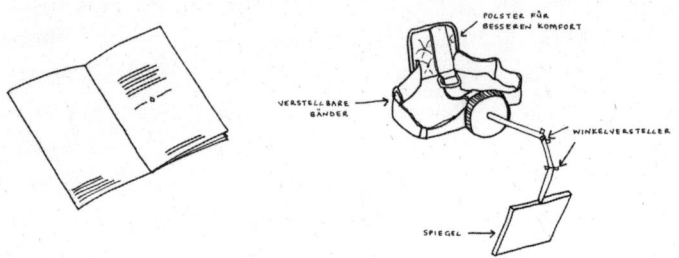

Das Um-jeden-Preis-verstecken-Gähnen

Gemeindelebenskünstler oder -künstlerinnen sollten dabei
völlig unbeweglich dasitzen und den Anschein erwecken, als
kämpften sie dagegen an, im Gesicht auch nur den kleinsten Hinweis auf das sich ankündigende Gähnen erkennen
zu lassen. Natürlich sind hervorquellende Augen, sich aus-
dehnende und zusammenziehende, krampfartig zuckende
Gesichtsmuskeln und unterdrückte, aber unverkennbare Geräusche eingesaugter Luft klare Hinweise darauf, dass da ein
gewaltiges Gähnen im Gang ist (*siehe Abbildung*).

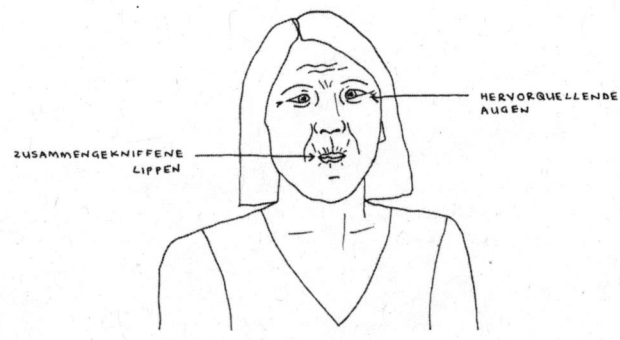

Das Gerade-ist-mir-etwas-Interessantes-eingefallen-Gähnen

Ziel ist auch hier wieder, die negative Wirkung des Gähnens zu verstärken, indem man es scheinbar verbirgt. Bei diesem Manöver werden die Augen zur Decke verdreht, als ob dem Gemeindelebenskünstler oder der Gemeindelebenskünstlerin grade ein Gedanke gekommen ist, und eine ganze Hand wird in einem Winkel von siebenundvierzig Grad über den Mund gelegt, als dächte man nach. Lassen Sie je nach Erfordernis das Gähnen durch die Finger erkennen (*siehe Abbildung*).

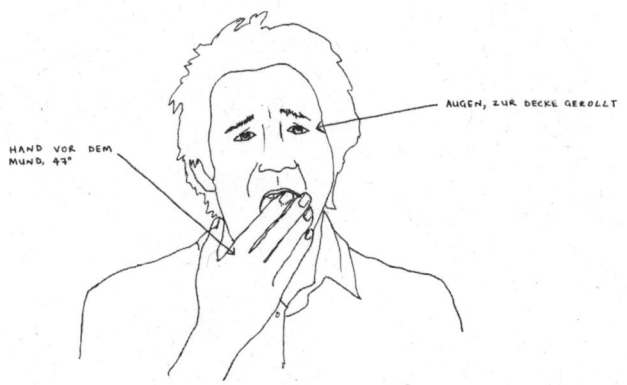

AUGEN, ZUR DECKE GEROLLT

HAND VOR DEM MUND, 47°

Das Kieferbrechergähnen in der letzten Reihe

Diese erheblich ungehobeltere Variante des Gähnmanövers ist am besten als letztes (wenn auch meist sehr erfolgreiches) Mittel zu betrachten. Am besten anzuwenden in der hintersten Reihe einer Kirche oder eines Saals, beinhaltet sie das allmähliche Verschwinden des Gähnenden, während er sich unter Einsatz des gesamten Körpers einschließlich beider Arme und Beine einem ausgedehnten, ungebremsten, ächzenden, keuchenden, klaffenden, üppigen, kräftezehrenden Gähnen hingibt. Kann auf das Selbstvertrauen eines Redners eine verheerende Wirkung haben, ist aber aus gemeindelebenskünstlerischer Sicht als eher weniger subtil zu betrachten.

HEMMUNGSLOSE ARMBEWEGUNGEN

ÄCHZEND UND GÄHNEND

Das Bis-zur-Bewusstlosigkeit-eindösen-Manöver

Genau genommen kein Gähnen, aber eine verblüffend erfolgreiche Maßnahme, die dem Ausübenden beträchtliche schauspielerische Fähigkeiten abverlangt.

Das Manöver wird eingeleitet durch langsames, ernsthaftes und ermutigendes Nicken, während der Redner mit seiner Darlegung beginnt. Nach fünf Minuten solcher beständig und klar signalisierten Zustimmung sollte sichergestellt sein, dass der Vortrag sich nun zum größten Teil direkt an den Gemeindelebenskünstler richtet. Nun ist es Zeit für die Phase zwei des Manövers.

Die nickende Kopfbewegung sollte nun allmählich reguliert werden, bis sie beständig und in einem metronomisch exakten Rhythmus abläuft, während der Unterkiefer sieben Zentimeter weit herabsinkt (*siehe Abbildung*). Richten Sie den Blick in unergründliche Ferne und lassen Sie die Augenlider langsam sinken, sich schließen und wieder aufspringen. Wiederholen Sie diesen Ablauf, bis der Vortrag zu Ende ist und die Gemeinde zum Gebet aufgefordert wird. An der Stelle, wo der Redner sagt: »Neigen wir unser Haupt zum Gebet«, sollte der mechanisch nickende Kopf des Gemeindelebenskünstlers auf seine Knie fallen wie eine Betonkugel, die von einem Torpfosten rollt, als Zeichen, dass er sich endlich durch seligen Schlaf von seinen Kämpfen erlösen lässt. Nach dem abschließenden »Amen« sollten drei Sekunden verstreichen, bevor man sich plötzlich ruckartig, mit rudernden Armen und wirr hin- und herrollenden Augäpfeln, wieder aufrichtet.

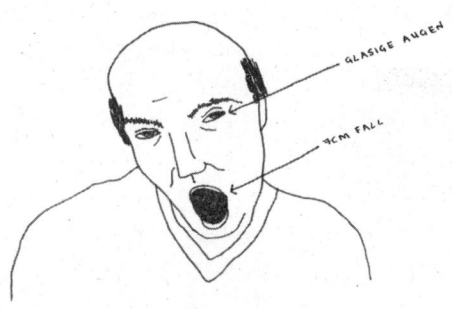

Eine gute Idee ist es, sich hinterher bei dem fassungslosen Redner verlegen zu entschuldigen, unter irgendeinem fadenscheinigen Vorwand, etwa dass es am Abend zuvor sehr spät geworden sei. Da er sich im *Christlicher-Redner-Modus* befindet, kann man davon ausgehen, dass er lachend sagen wird, er wäre selbst eingeschlafen, wenn er unter den Zuhörern gesessen hätte, oder dergleichen Unsinn. Aber täuschen Sie sich nicht – er wird Sie hassen.

6. Lautloser, aber tödlicher Applaus und unverlangtes Wasser

Elton Spalling von der Living Light Fellowship in Portishead hat uns geschrieben, um unseren Mitgliedern die Anwendung zweier Manöver zu empfehlen, die ihm im Umgang mit Gastrednern im Lauf der Jahre stets von Nutzen waren.

Spalling sagt, dass kurze Ausbrüche lautlosen Applaudierens von einem Standort am Rande der Kirche, der gerade noch im Blickfeld des Redners liegt, besonders, unter Hinzufügung eines merkwürdig schiefen und wissenden Lächelns, eine Predigt oder Ansprache um fünfzig Prozent oder mehr verkürzen kann und zumindest einen Mann dazu provoziert hat, versehentlich gegen das Rednerpult zu schlagen, worauf er sich die Hand lutschen musste, bis der Schmerz nachließ.

Sein zweites Manöver besteht darin, mitten im Vortrag völlig unnötigerweise hinauszueilen und dem Redner ein Glas Wasser zu holen, um es ihm ans Rednerpult zu bringen mit einer rastlosen Dringlichkeit, wie sie für einen Mann angemessen wäre, der dem Ersticken nahe ist. Einmal, so berichtet Spalling, habe er sogar buchstäblich dem Redner die Nase zugehalten und ihm Wasser in den Mund gegossen, als er daraufhin nach Luft schnappte. Während wir der Entschlossenheit und Einsatzfreude, die er mit diesem letzten Manöver demonstrierte, nur applaudieren können, müssen wir anmerken, dass Versuche, das Gastredner-problem durch Ertränken derselben zu lösen, nicht ganz den Maßstäben der Unauffälligkeit entsprechen, die wir von unseren Mitgliedern erwarten. Spalling ist noch jung. Er wird dazulernen.

7. Die Kunst des Gelegenheitennutzens

Eine Erörterung der *Kunst des Ablenkens* wäre nicht vollstän-dig, ohne auf die Notwendigkeit für Gemeindelebenskünst-ler und -künstlerinnen hinzuweisen, unerwartete Chancen zu nutzen, wann immer sie sich bieten. Schließlich lässt sich aus zufälligen Gelegenheiten etwas lernen, was man in Zukunft wieder anwenden kann. Paul Winston aus Maccles-field hat uns ein Beispiel für die *Kunst des Gelegenheitennut-zens* in ihrer besten Form zur Verfügung gestellt.

»Eines Sonntags kam ein Gastprediger namens Norman Fellot in unsere Gemeinde, ein sehr gelassener, selbst-sicherer Mann mit humorvollem Blick, einer unverhält-nismäßig kostspieligen braunen Lederaktentasche und einer Ausstrahlung bedingten Wohlwollens. Er kam von einer dieser Hilfsorganisationen, die Leute herumschi-cken, um die Herzen und die Werbetrommel zu rühren und so. Da mir bewusst war, dass seine Anwesenheit ver-mutlich das unbekümmerte, harmlose Ethos unserer Baptistengemeinde aufstören würde, können Sie sich denken, dass ich Ausschau nach jeglichem Mittel hielt, durch das es mir gelingen mochte, der Gefahr entgegen-zuwirken.

Meine Chance kam, als ich ans Rednerpult trat, um den Bibeltext für diesen Morgen zu lesen (ich hatte eine Abmachung mit der zu Tränen dankbaren June Pargitter gemacht, wonach ich diese Aufgabe an ihrer Stelle übernehmen würde, damit sie eine kranke Freundin besuchen könnte, wofür sie im Gegenzug meine nächsten sechs Aufgaben in der Gemeinde übernehmen würde, worin immer sie bestehen mochten).

Als ich vorne ankam, bemerkte ich, dass Fellot die Notizen für seinen Vortrag schon auf dem Rednerpult bereitgelegt hatte, um sie zur Hand zu haben, wenn er gleich nach meiner Lesung an der Reihe war. Ein Blick auf das oberste Blatt, während ich meine *große* Bibel[20] ablegte, zeigte mir, dass Fellots Ansprache Wort für Wort auf mehreren dünnen Blättern ausgedruckt war, mit kleinen Randbemerkungen und Scherzen, die mit Bleistift am Rand notiert waren.

Als ich nach Beendigung meiner Lesung meine Bibel wieder aufnahm, achtete ich darauf, zugleich auch versehentlich Fellots sämtliche Notizen mit zu ergreifen, und nahm sie sorgfältig mit zu meinem Platz in der hintersten Reihe, wo ich sie im Nu zu einer Kugel zusammengeknüllt und tief unten in meinem »Sonntagsrucksack«, wie ich ihn nenne, verstaut hatte.

Fellot tat sein Bestes, aber es wäre vielleicht besser gewesen, wenn er zugegeben hätte, dass seine Notizen verschwunden waren. Nach seinen ersten konsternierten,

---

20 Paul Winston ist ein weiterer jener Glücklichen unter unseren Mitgliedern, die die Gelegenheit genutzt haben, eine unserer reich ausgestatteten Deluxe-Komplettbibeln zu erstehen – siehe Abschnitt über Bibeln.

panischen Versuchen, etwas in die Hand zu nehmen, was einfach nicht da war, stotterte er sich humorlos durch etwa zehn Minuten Geschwafel, bevor er schweiß- überströmt und erleichtert zu seinem Sitzplatz in der ers- ten Reihe zurückkehrte. Indem ich meinen Hals reckte, konnte ich von meinem Platz aus beobachten, wie er mit unterdrückter Fieberhaftigkeit in seiner Aktentasche und in den Innentaschen seiner Jacke herumwühlte und da- bei den Eindruck zu erwecken versuchte, als folge er wei- terhin aufmerksam dem restlichen Gottesdienst.

Als er uns verließ, verrieten Fellots zerknitterte Stirn und sein gehetzter Gesichtsausdruck, dass er immer noch fassungslos über die schiere Unmöglichkeit des Geschehens war. Während er zur Tür hinausging, sah ich einen unserer Mitarbeiter an und hob die Augenbrauen, wie um zu sagen: »Wir wollen ja nicht richten, aber meine Güte, was sollte das denn?« Zur Antwort schüt- telte er nur langsam den Kopf. Die ganze Sache war ein großer Erfolg, und ich empfehle sie als mögliches Manö- ver, das andere Mitglieder in Zukunft anwenden und übernehmen können.«

Custer und Staveling

William Custer (siehe Abschnitt über *Die hohe Kunst des An- glikanertums*) ist ein weiterer hervorragender Vertreter der *Kunst des Gelegenheitennutzens*, der manchmal enormen Auf- wand betreibt, um kleine, aber bedeutsame Resultate zu er- zielen. Da war zum Beispiel der denkwürdige Anlass, als Custer zu dem Schluss gekommen war, dass Generalmajor Sir Gerald Staveling, einer der Kirchenvorsteher in Custers Gemeinde (St. Stephen in Rustbory und Gateland in Suffolk) einen zu durchschlagenden Einfluss in so ziemlich allen Aspekten des Gemeindelebens ausübte. Custers Ansicht war, der beste Weg, um den äußerst korrekten und niemals Witze reißenden alten Soldaten zutiefst aus der Fassung zu bringen, sei, ihn in einem völlig unangemessenen Kontext so *erscheinen* zu lassen, als risse er Witze.

Seine Chance kam, als Staveling die Aufgabe zufiel, an einem Volkstrauertag in den späten Neunzigern den Bibeltext vorzulesen. Nachdem er sich kundig gemacht hatte, welcher Text an der Reihe war, verschaffte sich Custer einen Schlüssel zur St.-Stephen-Kirche und schloss sich am Samstagabend vor dem Gottesdienst mit einem Päckchen weißer Klebeknete, einigen Blättchen Zigarettenpapier und einer Kalligrafiefeder ein. Nach fünfzehn Minuten sorgfältigster Arbeit war die Sache erledigt, und am Sonntagmorgen nahm Custer voll innigster Vorfreude seinen Platz ein und wartete auf den Moment, wenn der Generalmajor steifbeinig ans Rednerpult treten und mit seiner Lesung beginnen würde.

Das Resultat erfüllte alle seine Hoffnungen. Generalmajor Staveling neigte nicht zu übertriebener Nachdenklichkeit, und schon der Gedanke, dass jemand sich an seiner Lesung zu schaffen machen würde, überstieg seine Vorstellungskraft und sein Begriffsvermögen.

Als er vorne ankam, nahm er seine starr militärische Haltung hinter dem Rednerpult ein und richtete mit dem bellenden, monotonen Tonfall eines Mannes, der seit Anbeginn der Zeit in ländlichen Kirchen aus der King-James-Bibel vorgelesen hat, das Wort an die Gemeinde.

»Die Lesung an diesem besonderen Tag findet sich auf Seite achthundertundachtzehn Ihrer Platzbibel und ist entnommen aus dem Evangelium nach Matthäus, Kapitel sechzehn, Verse dreizehn bis neunzehn. Unser Herr befragt Petrus, für wen er ihn halte.«

Staveling bellte sich auf die erfreulich hohle, aber harmlose Art, mit der solche Lesungen an solchen Orten immer vonstattengehen, durch die Verse dreizehn bis neunzehn. Im achtzehnten Vers dann trat er unversehens auf Custers sorgfältig vergrabene Landmine. Dies waren die Worte, denen die Gemeinde lauschte.

»Und ich sage dir auch: Du bist Hank, und auf diesen Felsen will ich bauen meine Gemeinde, und die Pforten der Hölle sollen sie nicht überwältigen.«

Staveling schlug sich wacker durch den abschließenden Vers, wenn auch sein purpurrot angelaufenes Gesicht und seine hervortretenden Augen erkennen ließen, dass er sich der Reaktion der Gemeinde auf die überraschende Schriftaussage, der Herr habe die Zukunft seiner ganzen Gemeinde einem Mann namens »Hank« anvertraut, durchaus bewusst war. Ein paar bekamen kaum noch Luft vor Heiterkeit und fanden offensichtlich, die Pforten der Hölle hätten unter diesen besonderen Umständen erheblich bessere Chancen. Weitaus mehr Leute jedoch, darunter auch der Pfarrer, waren erstaunt, entsetzt, empört und vermutlich noch manches andere ähnliche, mit E beginnende Wort, dass ein Mann von solchem Ansehen wie der Generalmajor es für nötig erachtete, sich einen so kindisch banalen und sinnlosen sogenannten Scherz zu erlauben.

Staveling, der offensichtlich der Meinung war, ein schlachterprobter Offizier wie er müsse in der Lage sein, die Situation selbst in der größten Hitze des Gefechts zu retten, hob sein Grab noch etwas tiefer aus, indem er eine öffentliche Erklärung abgab.

»Dies ist das Wort des Herrn. Nun ja – eines davon ist es nicht. Ich finde, ich sollte klarstellen, dass unser Herr, ungeachtet dessen, was diese Bibel sagt, einen Mann namens Petrus in die Schar seiner Jünger aufnahm, aber keinen namens Hank. Hrrrrumpf!«

Hinterher behauptete Generalmajor Staveling standhaft, wenn auch mit einem gewissen irren Glitzern in den Augen, er habe die Worte genauso vorgelesen, wie sie in der Kirchenbibel standen. Doch da Custer den kleinen Streifen Zigarettenpapier bei erster Gelegenheit nach dem Ende des Gottesdienstes wieder von der Seite achthundertundachtzehn entfernt hatte, stieß seine Behauptung bei manchen auf Besorgnis und bei anderen auf Missbilligung.

Stavelings Einfluss auf die Gemeindeangelegenheiten war von diesem Tag an erheblich verringert, und Custer genoss in aller Stille seinen Erfolg.[21]

8. Die Kunst des schlechten Geschmacks

Wir beenden unseren Abschnitt über die *Kunst der Ablenkung* mit einer lobenden Erwähnung der guten Arbeit von Ewan Barret aus Sompting in Sussex auf dem Gebiet der *Kunst des schlechten Geschmacks*. Hier ist ein Auszug aus seinem letzten Bericht.

---

21 Wie Custer berichtet, hatten noch einige Wochen später Kinder, die bei dem Gottesdienst zum Volkstrauertag zugegen waren, ihre helle Freude daran, einander zu sagen, einer der Jünger Jesus habe Hank Hrrrumpf geheißen.

»Nichts könnte für einen christlichen Gastredner ärgerlicher sein, als des schlechten Geschmacks verdächtigt zu werden. Ich empfehle das folgende Manöver als von mir selbst erprobt und äußerst wirkungsvoll.

Begrüßen Sie Ihren Gastredner herzlich, wenn er eintrifft, und überreichen Sie ihm ein Blatt Papier mit einem relativ langen Witz, der »bei unseren Leuten hier hervorragend ankommen wird«, falls er ihn verwenden möchte. Sagen wir, der Witz endet mit einer Pointe, bei der ein Bus vorkommt oder besser noch eine Person, die von einem Bus überfahren wird. Im Fall, dass der Redner tatsächlich den Witz verwendet, den Sie ihm so großzügig zur Verfügung gestellt haben, wählen Sie den Moment, wenn er unmittelbar davor ist, die Pointe vorzulesen, und eilen Sie dann nach vorn und stecken Sie ihm einen Zettel zu. Dieser informiert ihn darüber, jemand, dessen Mutter vor achtzehn Monaten von einem Bus überfahren wurde, sei unerwartet in der Kirche erschienen und wäre gewiss am Boden zerstört darüber, ausgerechnet diesen Witz zu hören, da er doch immer noch in Trauer sei.

Das letzte Mal, als ich dieses Manöver einsetzte, änderte der Redner eilends den Witz um, sodass er damit endete, dass eine Person beinahe leicht von einem vorbeifahrenden Moped gestreift worden wäre, wodurch der ganze Witz vollkommen sinnlos wurde.«

Achter Teil:
Westentaschentheologie

Das *Westentaschentheologie*-Manöver bietet eine Reihe von Möglichkeiten, mit denen Gemeindelebenskünstler und -künstlerinnen den Eindruck erwecken können, sie verfügten über tiefe und weitreichende Kenntnisse über Theologie, ohne sich erst der lästigen und unergiebigen Prozedur unterziehen zu müssen, sich mit dem Thema zu befassen.

Die Masche mit der einen intelligenten Frage

Dieses interessante und sehr weit entwickelte Nebenmanöver wurde von Christopher Carter aus Dursley in Gloucestershire entworfen und entwickelt. Nach Carters Auffassung hat ein Gemeindelebenskünstler, der bereit und in der Lage ist, eine einzige intelligente Frage auswendig zu lernen, alles Rüstzeug, was er braucht, um in einer theologischen Debatte mit einem echten Theologen so auszusehen und sich so anzuhören, als wäre er selbst auf dem besten Wege, so etwas wie ein Experte zu werden.

»Wählen Sie den Moment mit Sorgfalt«, rät Carter, »und stellen Sie dann Ihre Frage in so bescheidener Manier wie möglich. Danach müssen Sie nur noch ein bisschen nicken und den Kopf schütteln. Von Zeit zu Zeit kann es ratsam sein, eine Miene zu machen, als wäre man geneigt zu widersprechen, hätte sich aber dann eines anderen besonnen.«

Carter zitiert eine Gelegenheit, bei der ein Gastredner eines Abends im Gemeindesaal einen Vortrag über den deutschen Theologen Rudolf Bultmann hielt. Da er wusste, was das Thema sein würde, hatte Carter sich am Vormittag etwas Zeit genommen, um ein Zitat aus dem Internet auswendig zu lernen. Als der Referent am Ende seines Vortrages einlud, Fragen zu stellen, war der Gemeindelebenskünstler zur Stelle:

CARTER: (*nervös die Hände ringend*) Also, ich habe ja nicht die leiseste Ahnung von Theologie, mein Lieber, aber da Sie sich ja mit diesem Zeug offenbar bestens auskennen, hätte ich da eine Frage, die ich wirklich gerne einmal stellen würde, wenn es Ihnen nichts ausmacht.

EXPERTE: Nein, das macht mir überhaupt nichts aus. Nur zu.

CARTER: Nun, ich würde gerne wissen, ob Sie Pawlikowski darin zustimmen, dass die Dominanz des religionsgeschichtlichen Ansatzes in der christlichen Bibelwissenschaft, wie er offensichtlich besonders bei Bultmann vorliegt, aber auch bei manchen seiner Schüler wie Ernst Käsemann und Helmut Köster, erheblich an Bedeutung verloren hat. Eine dumme Schuljungenfrage, ich weiß, aber ich würde einfach gern hören, wie Sie darüber denken.

EXPERTE: (*mächtig erfreut und überrascht*) Nein, nein, das ist eine sehr gute Frage. Pawlikowski äußerte diese Ansicht in *Reflexionen über Bund und Mission vierzig Jahre nach Nostra Aetate*, nicht wahr?

CARTER: (*überlegt einen Moment und nickt dann weise*) Ja, ja, ich glaube, so ist es. Ja, ich glaube, da haben Sie recht.

EXPERTE: Nun, ich muss sagen, dass Pawlikowski da meiner Meinung nach etwas zu weit ging –

CARTER: Ach, tatsächlich? Das ist wirklich interessant.

EXPERTE: Nun, Sie werden mir darin vielleicht widersprechen, aus Gründen, die Ihnen und mir nur zu bewusst sind –

CARTER: Lieber Himmel, ja!

EXPERTE: Doch der entscheidende Punkt, der Ihnen sicherlich einleuchten wird, ist, dass Bultmann letzten Endes ... usw. usf.

Die anderen Gemeindeglieder, berichtet Carter, waren tief beeindruckt von solch unvermuteter Belesenheit, trotz seiner ständig wiederholten, bescheidenen Behauptung, er habe gerade einmal die Oberfläche der Theologie im Allgemeinen und Bultmanns im Besonderen angekratzt.

Das Biografiedetailmanöver

Gemeindelebenskünstlerin Dawn Cole (siehe Abschnitt über *Die Kunst des Schrittetuns*) hat nicht so sehr das Anliegen, Profitheologen zu beeindrucken, als vielmehr, ihren Redefluss zu unterbrechen und zu stören. Im Blick auf dieses Ziel befürwortet sie eine etwas andere Herangehensweise an die *Westentaschentheologie* und bevorzugt ein Nebenmanöver namens *Biografiedetailmanöver*. Dawn glaubt, ein kleines, obskures Detail aus dem Leben eines Theologen, das mehr oder weniger wahllos in das Gespräch eingestreut wird, könne den selbstsichersten und redegewandtesten Experten aus dem Rhythmus bringen.

Als Beispiel schildert sie ein Gruppenbibelstudium im Wohnzimmer eines der Teilnehmer, bei dem ein Mann namens Paul Vann, seines Zeichens Universitätsprofessor aus Hull, der wirklich eine Menge über Martin Heidegger wusste, wirklich Interessantes zu sagen wusste und anscheinend gar nicht mehr zu bremsen war. Dawn verfügte nur über ein winziges Detail über den großen deutschen Theologen und Philosophen, aber das setzte sie mit großem Geschick ein.

VANN: Was wir über Heidegger verstehen müssen, ist seine Auffassung, dass die westliche Philosophie seit Plato missverstanden hat, was bedeutet, dass etwas ist, indem sie dazu neigte, sich dieser Frage unter dem Aspekt *eines* Seienden zu nähern, statt nach dem Sein an sich zu fragen. Mit anderen Worten, er glaubte, geschichtlich habe sich alles Fragen nach dem Sein auf bestimmte Seiende und ihre Eigenschaften konzentriert oder aber das Sein selbst als ein Seiendes oder eine Substanz mit Eigenschaften betrachtet. Nun, eine authentischere Analyse des Seins wäre aus Heideggers Sicht –
DAWN: So eine lange Zeit in dieser einsamen Berghütte. Was macht so eine Erfahrung mit einem Menschen?
VANN: Wie bitte?
DAWN: Heidegger. Ganz allein in dieser kleinen Hütte. Ich frage mich, wie sich das wohl auf sein Denken ausgewirkt hat?
VANN: Nun, ja, ich schätze –
DAWN: Das war in Todtnauberg, nicht wahr?
VANN: Todtnauberg.
DAWN: Ja, hoch oben in den Bergen. Ganz einsam gelegen.
VANN: Ja ...

DAWN: Was mag das wohl mit Heidegger gemacht haben?
Mit seinem Denken. Die Einsamkeit, meine ich. Nichts
als eine kleine Hütte. Todtnauberg ist so ein entlegener
Ort.
VANN: Ja ...

Von da an verlor Vann komplett den Faden, und die sich anschließende sehr angeregte Diskussion drehte sich um die
Bauart, Größe und Funktion der Hütten und Wochenend-
häuser, die die Mitglieder des Bibelkreises sowie deren Ver-
wandte und Freunde besaßen. Vann gestand bekümmert, er
habe überhaupt keine Hütte.

Dawn Cole hat sich freundlicherweise bereit erklärt, unseren Mitgliedern ihre vollständige Liste von *Biografiedetails*
zur Verfügung zu stellen (*erhältlich beim Institut für Gemeindelebenskunst zum Preis von zwei Pfund einschließlich Porto
und Verpackung*). Sie enthält eine Vielzahl nützlicher Informationen, wie etwa die Tatsache, dass Karl Barth mit einer
hoch talentierten Violinistin verheiratet war, dass Sören
Kierkegaards Mutter Hausmädchen im Hause Kierkegaard
war, bevor sie Sörens Vater Michael Pederson Kierkegaard
heiratete, und dass Martin Luther die Universität in Erfurt,
die er besuchte, als Bierhaus und Hurenhaus bezeichnete.
All diese Fakten, sagt Dawn, sind kleine Goldkörner, die sich
bei richtiger Anwendung als höchst wertvoll erweisen werden, und vermutlich sind sie alles, was Sie je über diese
Theologen wissen müssen ...

Der imaginäre Theologe

Unsere Mitglieder wird es nicht überraschen zu hören, dass einer der kühnsten und innovativsten Praktiker auf diesem Gebiet Julius Butterfield ist, der sogar einen deutschen Theologen namens Venktmann *erfunden* hat.

»Ich kann nicht umhin, mich zu fragen, was Venktmann zu all dem sagen würde«, murmelt er zum Beispiel gelassen und nachdenklich mitten in einer hitzigen Diskussion über irgendeine theologische Frage.

»Venktmann hat zu diesem Thema ein paar verblüffende Dinge zu sagen«, ist ein weiterer seiner Lieblingssprüche.

Und der vielleicht Nützlichste von allen: »Das ist interessant. Wie würden Sie das mit Venktmanns Bemerkungen zu diesem Thema in Einklang bringen?«

Auf die Frage, wer Venktmann sei, antwortet Butterfield schüchtern: »Venktmann? Oh, lieber Himmel, er ist nur ein unbekannter kleiner deutscher Theologe, aber vieles von dem, was er zu sagen hat, hört sich außerordentlich einleuchtend an. Leute wie Barth und Bultmann nehmen eine wichtige Stellung ein. Natürlich tun sie das. Doch mir ist Venktmann allemal näher, vielleicht deswegen, weil er ein sehr kluger Mann mit einem enormen Wissensschatz ist, der dennoch nie über die Köpfe von ganz gewöhnlichen Gottesdienstbesuchern wie mir hinwegredet. Wo er als Theologe und Philosoph steht? Nun, wenn Sie mich in die Ecke treiben und mit einem spitzen Stock pieksen, würde ich sagen, er neigt dazu, die Kluft zwischen der Postmoderne und der Existenzialpsychologie zu überbrücken. Das ist ein wenig vereinfacht, ich weiß, aber ich denke, da irgendwo muss man ihn ansiedeln.«

Es liegt auf der Hand, dass es von enormem Nutzen ist, einen eigenen Theologen an der Leine zu haben. Venktmanns Ansichten über so ziemlich alles lagen und liegen (welche Überraschung) äußerst nahe bei denen von Butterfield selbst. Hin und wieder fragen Leute, ob sie sich ein Buch des obskuren Theologen ausleihen könnten, doch wie es scheint, sind Venktmanns Werke vergriffen, und da Butterfields eigene Exemplare sehr selten und empfindlich sind, möchte er sie nicht aus der Hand geben. In seltenen Fällen ist er bereit, einen Absatz oder eine Seite abzuschreiben und sie ernsthaft Interessierten zur Verfügung zu stellen. Dafür sind diese ihm dann außerordentlich dankbar.

Im Herzen Jung

Interessant ist anzumerken, dass Dawn Coles Mentor und Privattutor in Gemeindelebenskunst Berkeley Travis war, der in Gemeinden quer durch den Norden Englands als Experte über die Beziehung zwischen dem Christentum und den Lehren Carl Gustav Jungs galt, obwohl er nie auch nur einen einzigen Vortrag vor irgendeiner Gruppe oder Versammlung über dieses Thema hielt und so gut wie nichts über Jung wusste. Travis war ein höchst geschickter Manipulator, und ich hatte vor vielen Jahren einmal das Vorrecht, ihn in einem Hinterzimmer der anglikanischen Kirche St. James nahe dem Zentrum von Cockermouth in Cumbria bei der Arbeit beobachten zu dürfen.

Er wartete ab, bis jemand eine recht harmlose Bemerkung darüber machte, wie sich der archetypische Anglikanismus im Lauf der letzten zwanzig Jahre verändert habe, um sich dann plötzlich auf seinem Stuhl zurückzulehnen, die Beine von sich zu strecken und laut zu lachen.

»Das sollen die Post-Jungianer auseinanderklamüsern!«, prustete er, wobei er sich anscheinend mit einem großen gelben Taschentuch, das er aus einer tiefen Hosentasche zutage förderte, die Lachtränen aus den Augen wischte.

Nach meiner gesicherten Erkenntnis hatte Travis keine Ahnung, wer oder was die Post-Jungianer sein mochten oder warum diese obskure Personengruppe irgendetwas auseinanderklamüsern wollen würde, geschweige denn die harmlose Bemerkung, die gerade jemand gemacht hatte. Eine schüchterne Seele wagte es dennoch zu fragen, inwiefern Jung für den Anglikanismus relevant sei.

»Er war ein analytischer Psychologe!«, erwiderte Travis mit plötzlicher, brüsker Heftigkeit, als wäre diese Tatsache an sich schon eine ausreichende und unanfechtbare Antwort auf die Frage.

Als weiter nachgefragt wurde, wie Jung mit dem Gedanken der anglikanischen Stereotypen umgehen würde, zuckte Travis mit keiner Wimper.

»Abstrahieren und ausdrücken«, erwiderte er forsch, »das ist es, was er uns als Erstes raten würde. Abstrahieren und ausdrücken. Er würde es als eine Frage des fundamentalen Kontextualismus sehen. Wissen Sie, Jung war von Natur aus kontextuell. Ja, von Natur aus. Ich würde sogar noch weiter gehen und sagen, er war bi-kontextuell, und ich glaube, man müsste hinzufügen, dass sein Fokus synchronistisch war. Schließlich müssen wir ständig im Blick behalten, dass C. G. Jung ein sehr einsames und introvertiertes Kind gewesen war, das unter dem Eindruck aufwuchs, Frauen seien von Geburt an unzuverlässig.«

Travis' Gebrauch dieses einen tatsächlichen Faktums über Jung zeigt zweifelsfrei, dass Dawn Cole ihren Begriff der *Biografiedetails* zumindest teilweise diesem großen Gemeindelebenskünstler verdankt. Wenn er, was häufig geschah, eingeladen wurde, Vorträge über verschiedene Aspekte zu Jung zu halten, lehnte Travis stets ab und sagte:

> »Die attraktive Präsentation einer Philosophie, die sich als psychologisches Modell tarnt, dürfte kaum hilfreich für die Integration von Spiritualität und der Wertschätzung der unbewussten Bereiche sein.«

Diejenigen, die ihn in ihre Gemeinden einluden, nickten meist bedauernd, wenn sie das hörten, als ob Travis damit ein offensichtliches Argument vorbringe, das sie nicht bedacht hatten, und erwiderten, sie verstünden vollkommen.

Interessanterweise wurde der berühmte Gemeindelebenskünstler C. G. Jung immer ähnlicher, je älter er wurde. Dies wurde bewerkstelligt und gefördert von Travis selbst, der sich, indem er sich die Haare an den Seiten seines Kopfes mit enormem Aufwand rasierte und färbte und toupierte, Gewicht abnahm, unnötigerweise eine Brille trug und Pfeife rauchen lernte, eine unheimliche Ähnlichkeit mit dem Schweizer Psychologen aneignete. Seinesgleichen wird es nicht wieder geben.

Neunter Teil

Gemeindelebenskunst und die Bibel

Von Leuten, die nichts von Gemeindelebenskunst verstehen, wird oft behauptet, wir wären in irgendeiner Weise gegen die Bibel. Weit gefehlt. Hier im Institut haben wir stets betont, dass Gemeindelebenskünstler und -künstlerinnen besonders darauf achten sollten, was für eine Bibel sie besitzen und welchen Gebrauch sie davon machen. Die Wichtigkeit, die wir dieser Frage zumessen, ist so groß, dass wir eine Serie von Bibeln zum Verkauf an unsere Mitglieder produziert haben, von denen wir einige im Folgenden auflisten und illustrieren wollen.

Die Deluxe-Komplettbibel

Wir sind in aller Bescheidenheit stolz auf unsere *Deluxe-Komplettbibel*, eine Ausgabe, die wir hier in unseren eigenen Werkstätten hergestellt haben und die nur beim Institut für Gemeindelebenskunst erhältlich ist (*zum Preis von fünfundneunzig Pfund je Bibel, einschließlich Porto und Verpackung – siehe Abbildung*). Diese prächtige Bibel in Aktentaschengröße wird individuell hergestellt, in Handarbeit mit Eselsohren versehen, geschmackvoll bekleckert, mit über fünfhundert Post-it-Lesezeichen dekoriert und mit echten handgeschriebenen Randnotizen ausgestattet. Gebunden ist die Ausgabe in einen speziell verstärkten, flexiblen Umschlag, der dafür geschaffen wurde, eindrucksvoll über beide Seiten einer

Hand herabzuhängen, sodass die andere Hand des Gemeindelebenskünstlers oder der Gemeindelebenskünstlerin zum Gestikulieren frei bleibt, während er oder sie vor Gemeinden oder Kleingruppen sprechen.

Zwei kürzliche Dankesbriefe verraten die Zufriedenheit derer, die dieses Produkt erstanden haben:

>>Ich habe die Bibel nie gelesen, und jetzt werde ich es wohl niemals tun. Ich brauche es nicht mehr. Die *Deluxe-Komplettbibel* nimmt mir die ganze schwere Mühe ab, eine Bibel zu entwickeln, auf die man stolz sein kann. Mein Exemplar erntet immer wieder bewundernde Bemerkungen von den vielen Leuten in der Gemeinde, die ich besuche. Gute Arbeit, weiter so!<<

Velma Smart, Rugby

>>Früher galt ich als geistlicher Pygmäe, jetzt genieße ich den Ruf eines geistlichen Riesen; und das verdanke ich allein der *Deluxe-Komplettbibel*. Danke besonders für die

handgeschriebene Randbemerkung in Jesaja über meine sehr bewegende persönliche Epiphanie und für die Tränenflecken im dreizehnten Kapitel des Korintherbriefes über die Liebe. Ich weiß nicht, wie Sie das für diesen Preis schaffen!«

Philip Underside, Pulborough

Die Wunderwanzenbibel, auf Wunsch mit Zwicker oder Vergrößerungsglas

Unsere entzückende *Wunderwanzenbibel* (*zwölf Pfund fünfzig Pence, sechzehn Pfund mit Zwicker, fünfzehn Pfund mit Vergrößerungsglas, einschließlich Porto und Verpackung – siehe Abbildung*) wurde bewusst als Abwehrmanöver gegen Leute entwickelt, die das echte Gegenstück der *Deluxe-Komplettbibel* besitzen. Nur zweieinhalb Quadratzoll groß, enthält diese perfekte Miniatur alle sechsundsechzig Bücher der Bibel und ist dabei so klein, dass sie in die meisten Jackeninnentaschen und in jede Handtasche passt.

Die *Wanze*, wie wir sie hier im Institut liebevoll nennen, ist als Hilfsmittel zur Ausübung der *Kunst der stümperhaften Bereitwilligkeit* gedacht und am besten in fröhlich-argloser,

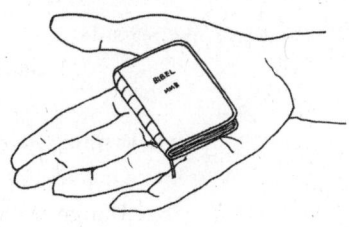

unstrukturierter Weise anzuwenden. Bei korrektem Einsatz erzeugt das verlegene Fischen nach der winzigen Bibel und anschließend nach dem Zwicker oder Vergrößerungsglas durch übervolle Jackentaschen oder Handtaschen voller Müll einen Eindruck schlichten Glaubens und liebenswerter Gewöhnlichkeit, der denen, die unbedingt größere und aufwendigere Bibelversionen vorzeigen müssen, mehr als gewachsen ist.

Der optionale Zwickereinsatz ist ein kleiner Geniestreich von Vernon Mann aus Dudley, der uns berichtete, dass der Gebrauch des Zwickers trotz tadelloser Sehfähigkeit (mit Fensterglas, versteht sich) seinem Auftritt eine gewisse dickenssche Verschrobenheit verlieh (*siehe Abbildung*). Andere bevorzugen das Vergrößerungsglas, da das maulwurfshafte Spähen eine Verletzlichkeit ausstrahlt, die von kindlicher Demut spricht.

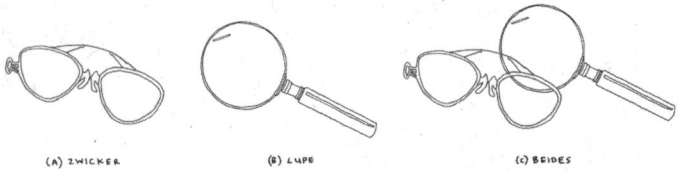

(A) ZWICKER   (B) LUPE   (C) BEIDES

Der folgende Dankesbrief erreichte mich just an dem Morgen, an dem ich damit beschäftigt war, diesen Abschnitt zu schreiben.

»Letztes Jahr benutzte ich die *Wunderwanze*, um vor zweitausend Zuhörern in der Central Methodist Hall in London die Kapitel eins und zwei des Epheserbriefes in voller Länge vorzulesen. Ich brauchte zwei Minuten, um die *Wanze* ausfindig zu machen, und weitere drei, um das Vergrößerungsglas aus dem zerrissenen Futter meiner Jacke, wo ich es vor dem Betreten der Bühne versteckt hatte, zutage zu fördern. Dann unterbrach ich drei Mal, um mich für Versprecher zu entschuldigen, und erntete nach Beendigung meiner Lesung den einzigen stehenden Applaus des ganzen Abends. Jetzt gehe ich nirgendwo mehr hin ohne meine *Wanze*. Danke für alles, was Sie für uns tun.

James Jonas, Liverpool

Die Glänzendes-Antlitz-Bibel

Als eines unserer neuesten Produkte spiegelt unsere *Glänzendes-Antlitz-Bibel* unsere Entschlossenheit wider, in einer Zeit fortschrittlicher Technik nicht hinter der Entwicklung zurückzubleiben. Die GA, wie wir sie kurz nennen, ist ideal für Gemeindelebenskünstler und -künstlerinnen, die viel Energie aufgewendet haben, um sich eine Aura der Mystik und des Entrücktseins anzueignen, und nun die öffentliche Zurschaustellung dieser Eigenschaften auf eine neue, noch etwas höhere Ebene führen möchten.

Die *Glänzendes-Antlitz-Bibel* (*vierzig Pfund je Stück, einschließlich Porto und Verpackung; zum Betrieb sind zwei AA-Batterien erforderlich, die nicht im Preis inbegriffen sind – siehe Abbildung*) ist ganz einfach eine große Bibel im Festumschlag, die in jeder Hinsicht ganz normal ist, bis auf die Tatsache, dass innen am Umschlag an der Ober- und Unterseite sowie rechts und links fast mikroskopisch kleine

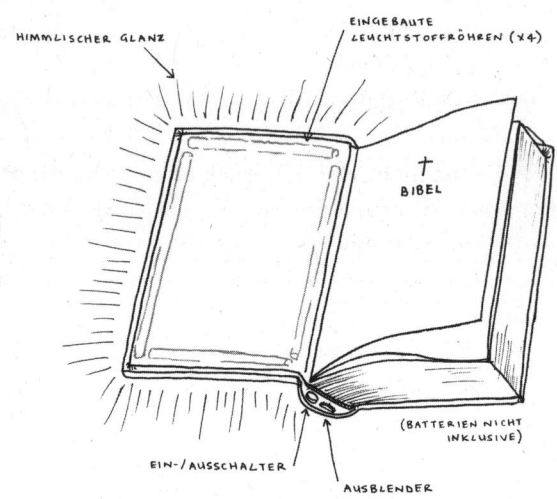

Leuchtstoffröhren angebracht sind. Ein unter dem Buchrücken verborgener Knopf ermöglicht es dem Anwender, den Beleuchtungseffekt ohne merkliche Bewegung der Hand zu bedienen. Ein zusätzlicher *Abblendeffekt* räumt die Gefahr eines ganz und gar nicht mystischen abrupten Eintritts der Dunkelheit aus.

Unsere Wissenschaftler hier am Institut und draußen vor Ort unterstreichen, es sei ratsam, die Beleuchtungsintensität niedrig bis nahezu unsichtbar zu halten. Die Wirksamkeit der GA hängt stark davon ab, dass Beobachter Mühe haben, ihren eigenen Augen zu trauen.

»Hatte Daniel Feltham (*einer unserer ersten Kunden für die GA*) am Dienstagabend wirklich einen himmlischen Glanz auf dem Gesicht, als er aus der Bibel vorlas, oder haben wir das nur geträumt?«

Solche Fragen sollte die *Glänzendes-Antlitz-Bibel* im Idealfall hervorrufen. Wir empfehlen übrigens die GA vor allem geübten Gemeindelebenskünstlern, die den Wert strikter Ökonomie im Gebrauch eines solchen Hilfsmittels bereits kennen. Unser Ziel ist nicht, den Eindruck einer altmodischen Laterna-Magica-Vorführung zu erwecken. Es wäre über die Maßen bedauerlich, wenn die Ausübung der Gemeindelebenskunst mit einer Aura monty-pythonesker Absurdität behaftet würde.

Die Berichte über praktische Erfahrungen waren erfreulich positiv. Hier ist ein herausragendes und aufschlussreiches Beispiel:

»Ich setzte die *Glänzendes-Antlitz-Bibel* erstmals am letzten einer Reihe von übergemeindlichen Bibelabenden zur Fastenzeit ein. Als ich während der Gebetszeit bei Kerzenschein am Ende des Treffens aufblickte, bemerkte ich, dass die einzige andere Person, die die Augen geöffnet hatte, eine recht resolute Dame namens Jane Caxton war. Ihr hauptsächlicher Beitrag zu den vierzehntäglichen Treffen war die Behauptung gewesen, in unserer Zeit sei das Christentum eine bodenständige Angelegenheit, bei der Wunder nicht vorkommen und auch nicht nötig sind. Mit einer kaum wahrnehmbaren Bewegung meines rechten Zeigefingers schaltete ich die Lichter meiner GA ein, starrte in meine aufgeschlagene Bibel und ließ etwas weniger als eine Minute verstreichen, bevor ich sie wieder ausschaltete. Am Ende des Treffens bemerkte ich, wie Jane Caxton Leute um sich scharte und ihnen in höchster Erregung etwas zuflüsterte, wobei sie ein oder zwei Mal mit der Hand auf mich deutete.

Ich verschwand natürlich umgehend von der Bildfläche und winkte der Gruppe von der Tür aus mit einem kleinen Engelslächeln unwillkürlicher Frömmigkeit zum Abschied zu.

Seit jenem Abend ist mein Leben in der Gemeinde völlig anders geworden. *Jeder* will meine Meinung zu so ziemlich *allem* hören. Vielen Dank, Institut für Gemeindelebenskunst, für die wunderbare *Glänzendes-Antlitz-Bibel*. Sie hat mein Leben verändert. Jane Caxton denkt über die Möglichkeit nach, sich einem Orden anzuschließen.

PS: Bitte erinnern Sie Ihre Mitglieder daran, stets Ersatzbatterien bei sich zu haben, denn die göttliche Aura bricht recht plötzlich mit einem schrillen Summen ab, wenn sie leer werden.«

Doon Appleton – Carlisle

Die Ausgeklügelte Konkordanzbibel

Die Verwendung einer Konkordanz an sich ist kein Manöver der Gemeindelebenskunst, obwohl viele von uns schon beobachtet haben, wie Prediger und Referenten dieses nützliche Werkzeug mit einer geschickten Leichtigkeit verwendeten, auf die Gemeindelebenskünstler und -künstlerinnen stolz sein könnten. Nun können wir zu unserer Freude verkünden, dass wir für unsere Mitglieder die Möglichkeit geschaffen haben, alle Anwesenden mit ihrer komplexen Bibelkenntnis zu verblüffen, und zwar *ohne* dass dabei offensichtlich eine Konkordanz verwendet wird.

Die *Ausgeklügelte Konkordanzbibel*, unser brandneues Produkt (*das Exemplar zu dreiundfünfzig Pfund, einschließlich un-*

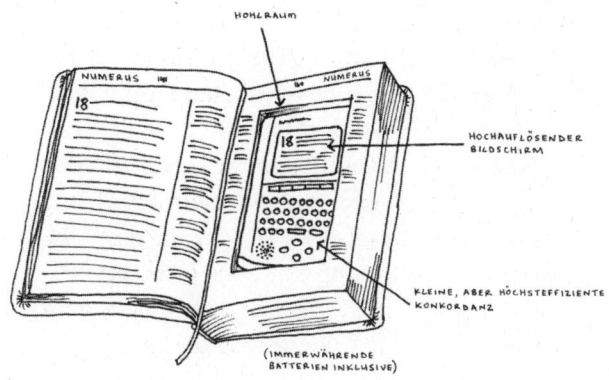

erschöpflicher Batterien, Porto und Verpackung – siehe Abbildung) ist, oberflächlich betrachtet, eine völlig normale, wenn
auch recht umfangreiche Ausgabe der Heiligen Schrift. Im
Innern jedoch ist der Text rund um einen würfelförmigen
Hohlraum im Papier gedruckt, in den sich eine kleine, aber
höchst effiziente Konkordanz mit hochauflösendem Dis-
play unterbringen lässt. Diese erlaubt es dem Anwender, mit
verwirrender Geschwindigkeit und Treffsicherheit von einem Querverweis zum nächsten zu springen und so die anderen Mitglieder der Gruppe oder Gemeinde in Erstaunen
zu setzen.

Dieser wesentliche Bestandteil der Gemeindeausrüstung
der Zukunft ist noch nicht im Handel, doch von unseren Be-
tatestern erreichen uns ermutigende Berichte, darunter
auch der folgende:

»Ich setzte die *Ausgeklügelte Konkordanzbibel* während
einer kleinen Versammlung in meiner Gemeinde ein, bei
der wir über das Thema ›Opfer‹ in der Bibel sprachen.

Nachdem ich unauffällig das entscheidende Schlüsselwort eingetippt hatte, stellte ich fest, dass die AKB mir
eine Liste von über hundertundsiebzig Belegstellen an-
bot, mit Querverweisen. Ich muss sagen, von da an lief
ich zu Hochform auf. Wenn ich sagte, dass die anderen
in der Gruppe beeindruckt waren, so wäre das die Unter-
treibung des Jahres, doch ich möchte zugleich eine War-
nung weitergeben, die vielleicht in die Bedienungsanlei-
tung aufgenommen werden sollte, die zu diesem Produkt herausgegeben werden wird.

Gegen Ende der Veranstaltung war ich so abgelenkt
durch positive Kommentare von Person A zu meiner Linken, dass ich gar nicht merkte, wie Person B von der
anderen Seite des Raums zu mir herüberkam, um eine
Stelle in seiner Bibel mit demselben Vers in meiner Version zu vergleichen. (*Siehe Diagramm.*) Um ein Haar
hätte er die elektronische Konkordanz entdeckt, sodass
ich meine Bibel mit unverhältnismäßiger Heftigkeit zu-
schlagen und so tun musste, als wäre ich zutiefst empört

darüber, dass Person A mir Komplimente gemacht hatte, anstatt Gott die Ehre zu geben. Ihr Mann, der schon während des ganzen Abends meine enorme Bibelkenntnis äußerst verdrießlich gefunden hatte, fragte mich sodann, ob ich Lust hätte, meine eigene Bibel zu verspeisen, mit dem Pentateuch als Vorspeise, Josua bis Maleachi als Hauptgang, den Evangelien als Dessert, Apostelgeschichte bis Judas als gemischter Käseplatte und der Offenbarung als Espresso mit Keksen. Nachdem ich mit frommer Würde gesagt hatte, ich würde für ihn beten, brach das Chaos aus. Ich ging.

Ein wunderbares Produkt, das jedoch mit Vorsicht verwendet werden sollte.«

Carlton Summers, Milton Mowbray

Moderne Bibelversionen

Wir im Institut für Gemeindelebenskunst bemühen uns nicht nur, im Blick auf die Schrift auf dem neuesten Stand der technischen Entwicklung zu bleiben, sondern wir schätzen und nutzen auch gerne die jüngsten Bemühungen, die Bibel zugänglicher für Menschen zu machen, die sie normalerweise nicht lesen würden. Insbesondere begrüßen wir den Verdummungsprozess, durch den der Bibeltext nach und nach auf eine erfreulich blasse Version seiner früheren Erscheinung reduziert wird. Letitia Parsons aus Crewe meint (und damit eilt sie der Zeit vielleicht doch ein klein wenig voraus), dass die Bibel der Zukunft den Titel »Die Zwei-Sätze-Bibel« tragen und ihr gesamter Inhalt nebst zugehöriger Konkordanz folgende Form annehmen wird:

DIE ZWEI-SÄTZE-BIBEL

Altes Testament

1,1 Gott erschuf die Welt, und alles war in bester Ordnung, doch dann brachten die Menschen alles durcheinander.

Neues Testament

1,1 Jesus kam und brachte alles wieder in Ordnung.

KONKORDANZ

ALLES
　　AT 1,1 und a. war
　　AT 1,1 Menschen a. durcheinander
　　NT 1,1 brachte a. wieder

BESTER
　　AT 1,1 in b. Ordnung

BRACHTE
　　NT 1,1 und b. alles

BRACHTEN
　　AT 1,1 und b. alles

DANN
　　AT 1,1 doch d. kamen

DIE
　　AT 1,1 erschuf d. Welt
　　AT 1,1 brachten d. Menschen

DOCH
  AT 1,1 Ordnung, d. dann

DURCHEINANDER
  AT 1,1 brachten alles d.

ERSCHUF
  AT 1,1 Gott e. die

GOTT
  AT 1,1 G. erschuf

IN
  AT 1,1 war i. bester
  NT 1,1 wieder i. Ordnung

JESUS
  NT 1,1 J. kam und

KAM
  NT 1,1 Jesus k. und

MENSCHEN
  AT 1,1 die M. und

ORDNUNG
  AT 1,1 bester O., doch
  NT 1,1 wieder in O.

UND
  AT 1,1 Welt u. alles
  NT 1,1 kam u. brachte

WAR
　AT 1,1 alles w. in

WELT
　AT 1,1 die W. und

WIEDER
　NT 1,1 alles w. in

Letitias Vision einer so kataklysmisch entrümpelten Bibel mag ein aussichtsreiches Entwicklungsprojekt für die Zukunft sein, doch für die Zwischenzeit haben wir hier im Institut für Gemeindelebenskunst Versuche mit einer Bibelversion in der Teenagersprache gemacht. Hier ist zum Beispiel die »Nang«-Version der Begegnung des Mose mit Gott am brennenden Busch.

Und Mose sah den Busch da voll am Abfackeln und latschte drauf zu.

Und Gott sagt, hey Mose, Alter, ich bin's, Gott!

Und Mose sagt, boah! Geil! Ist ja nang! Hey G-Dog, du bist echt der Burner!

Und Gott sagt, zieh die Latschen aus, Mann. Du machst mir hier den Boden dreckig. Das geht gar nicht, der ist nämlich heilig, weil ich hier bin, und ich bin Go-o-o-o-ott!

Und Mose sagt, o mein Go-o-ott! O mein Go-o-o-ott!

Und Gott sagt, wo willst du denn gerade drauf los, Mose, Alter?

Und Mose sagt, na ja, ich dachte mir, ich seh mal, ob

ich 'n paar Kumpels treffe und wir 'n paar Bierchen trinken und über Frauen reden. Dann wollte ich mich hinhauen. Du kennst das ja, G-Dog.

Und Gott sagt, nee, keine Ahnung, und hör auf, mich G-Dog zu nennen, sonst raffe ich dich dahin.

Und Mose sagt, A-a-a-a-a-a-ah!

Und Gott sagt, die Sache ist die, Mose, Alter, den Israeliten geht's saudreckig in Ägypten.

Und Mose sagt, boah, voll, du.

Und Gott sagt, also, einer muss dahin und sie hinausführen ins Gelobte Land, Mann, wo alles nur so vor Milch und Honig fließt.

Und Mose sagt, igitt! Milch und Honig, das hört sich aber zäh und klebrig an, Alter. Ginge nicht auch Pils und Brezeln?

Und Gott sagt, nee, geht nicht, Mose, Alter. Wie sollen denn Brezeln fließen? Und überhaupt, ich bin Go-o-o-ott, also entscheide ich das. Ich kümmere mich ums Catering, und jemand anderes kann dann, du weißt schon, dem Pharao Feuer unterm Hintern machen.

Und Mose sagt, hehe, dem Pharao Feuer unterm Hintern machen. Das ist geil! Das ist total verschärft! Das ist – hey! Nur mal so nebenbei, G-Dog, für den Job bin ich ja so was von gar nicht der richtige Mann.

Und Gott sagt, dumm gelaufen, Mose, mein Alter, weil nämlich du bist es. Du bist der Mann!

Und Mose sagt, hör auf! Das geht gar nicht, G-Dog, Alter, ich bin ja schon schimmelig. Ein U-Hu. Scheintot, Mann. Verstehst du, was ich meine? Außerdem kann ich so was von gar nicht schlau reden.

Und Gott sagt, okay, du Warmduscher, dann kannst

du ja Brüderchen Aaron mitnehmen, der kann dir das Händchen halten.

Und Mose sagt, danke, G-Dog! Ich mache die Kiste.

Und als Mose dann endlich seine Latschen wiedergefunden hatte und weg war, sagt Gott, o mein Go-o-o-ott! Was 'n Loser! Wieso hab ich den Hirno nicht dahingerafft, als ich die Gelegenheit hatte?

Bisher gibt es unterschiedliche Ansichten darüber, ob es ratsam ist, derartige Texte zum allgemeinen Gebrauch freizugeben. Während die Trivialisierung der Heiligen Schrift zweifellos eine Menge Vorzüge bietet, dürfen wir nie die Gefahr aus den Augen verlieren, dass am Ende die Leser »Spaß« daran haben könnten. In der Regel wären wir gut beraten, die Wörter »Bibel« und »Spaß« als einander ausschließend zu betrachten, es sei denn, versteht sich, es wäre taktisch wünschenswert, ein Gegengewicht gegen ernsthaftes exegetisches Studium zu schaffen. In einem solchen Fall kann eine Unterbrechung wie die hier zitierte sehr hilfreich sein:

»Bitte denken Sie nicht, ich wüsste die Ernsthaftigkeit und Würde der Heiligen Schrift nicht zu schätzen, aber mich würde interessieren, ob die Leute hier mir zustimmen, wenn ich sage, dass unser Gott ein Gott ist, der mit seinen Leuten lachen und Spaß haben will. Was meinen Sie alle dazu? Sagen Sie ruhig, ich soll still sein, falls ich albern bin oder ungebührlich rede ...«

Die Kunst der Bibeldiskussion

Gewissenhafte Gemeindelebenskünstler und -künstlerin-
nen werden sich durch Unkenntnis der Schrift nie davon
abhalten lassen, in Diskussionen um die Bibel ihren Standpunkt zu vertreten. Dazu gibt es unterschiedliche Methoden, aber es empfiehlt sich, daran zu denken, dass die einfachen Manöver oft die besten sind. Mein Onkel Dexter
Caplin zum Beispiel gebrauchte in einer Vielzahl verschiedenster Situationen immer wieder dieselbe Technik, indem
er seine beiden Sätze mehr oder weniger zufällig mitten in
die Diskussion fallen ließ.

»Ich glaube, damit sind wir wieder bei Zefanja. Stimmt
mir darin jemand zu?«

Natürlich hatte Onkel Dexter Zefanja nie gelesen, aber
das hatte auch sonst kaum einer getan, sodass der Erfolg des
Ablenkungsmanövers praktisch garantiert war. Jeder fühlte
sich gedrängt, die Stirn zu runzeln und im Buch Zefanja
herumzustochern, um herauszufinden, warum Onkel Dexter fand, sie seien »wieder bei« ihm. Ein schönes Manöver.

Onkel Dexter war es auch, der mir die korrekte Prozedur
für jene peinlichen Momente beibrachte, wenn einem ein
anderer mithilfe eines Schriftzitats einen Irrtum nachweist.

»Das Wichtigste«, erklärte er mir, »ist, jedes Anzeichen
von Panik zu vermeiden. Sobald dein Gegner sein Argument vorgebracht hat, nimm deine eigene Bibel in die
Hand und fang an, energisch und zielstrebig darin zu
blättern, so als wüsstest du genau, wonach du suchst.
Dann schließlich lässt du einen kleinen zufriedenen
Seufzer hören, während du so tust, als hättest du die

Verse gefunden, die du gesucht hast. Leg das Buch auf deinem Knie ab, tippe mit dem Finger forsch auf irgendeine zufällige Stelle des Textes, hebe dann denselben Finger in selbstbewusst belehrender Haltung und sage:

›Okay, Jeff, ich verstehe sehr gut, was du mit diesem letzten Zitat sagen willst, aber bei allem Respekt, alter Freund, du blendest einfach völlig aus, dass ...‹

Brich an dieser Stelle abrupt ab, so als hätte plötzlich deine bessere Seite die Oberhand gewonnen, klappe mit einem liebenswert reumütigen kleinen Lächeln deine Bibel zu und sage:

›Nein, ich mache das nicht. Ich mache das einfach nicht. Vielleicht denken andere, mit solchen pubertären Schriftduellen wäre etwas zu gewinnen, aber ich nicht, und du auch nicht, Jeff, da bin ich mir ganz sicher. Im Leben und im Glauben geht es um mehr als darum, recht zu behalten. Ich akzeptiere lieber, dass ich unrecht habe, und bleibe dafür in der Gemeinschaft mit einem anderen Gläubigen. Jeff, mein Lieber, einigen wir uns darauf, unterschiedlicher Ansicht zu sein, und lassen wir es dabei bewenden.‹

In neun von zehn Fällen wird das die Angelegenheit beenden. Das ›Duell‹ ist verschoben, und du als Gemeindelebenskünstler hast dich als Mann des Glaubens und der Nächstenliebe offenbart, der hätte ›gewinnen‹ können, aber lieber die Würde der Schrift respektiert und den Frieden wahrt, als Punkte zu machen, nur um ›recht‹ zu haben. Ein ausgezeichneter Ausgang.«

Zehnter Teil:

Technische Neuerungen

Zusätzlich zu den technischen Fortschritten im Bereich der Bibelproduktion freuen wir uns, unseren Studenten und Mitgliedern zwei weitere höchst innovative Geräte zum Gebrauch empfehlen zu können.

1. Automatischer Armheber

Dieses raffinierte Gerät, entwickelt hier in unserer eigenen Werkstatt für diejenigen, die die physische Seite der Anbetung ermüdend oder lästig finden, ermöglicht die aktive Teilnahme an Anbetungszeiten *ohne jegliche Anstrengung*, ja

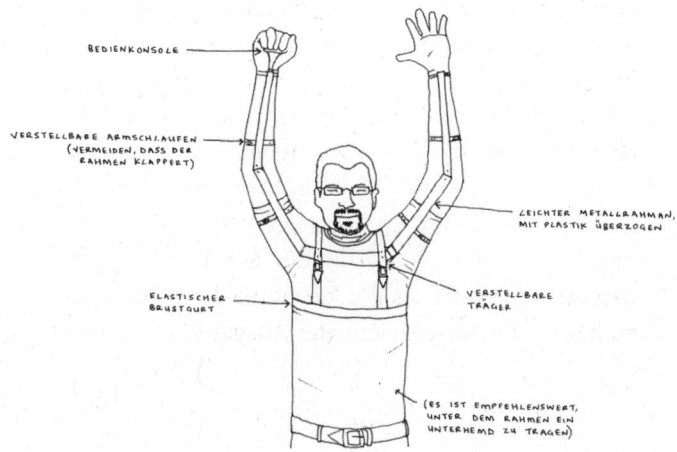

BEDIENKONSOLE

VERSTELLBARE ARMSCHLAUFEN
(VERMEIDEN, DASS DER
RAHMEN KLAPPERT)

LEICHTER METALLRAHMAN,
MIT PLASTIK ÜBERZOGEN

ELASTISCHER
BRUSTGURT

VERSTELLBARE
TRÄGER

(ES IST EMPFEHLENSWERT,
UNTER DEM RAHMEN EIN
UNTERHEMD ZU TRAGEN)

selbst wenn der betreffende Gemeindelebenskünstler sich ein kleines *Schläfchen* genehmigt. Der *Automatische Armheber (erhältlich hier im Institut für Gemeindelebenskunst zum Preis von dreiundsechzig Pfund pro Stück, einschließlich Akku-Lade- gerät, Porto und Verpackung – siehe Abbildung)* besteht aus einem sehr leichten, kunststoffüberzogenen Metallgestell, dass unter Jacke oder Jackett getragen wird. Dieses wiederum ist mit zwei ähnlich beschichteten, an Scharnieren befes- tigten Armen verbunden, die unauffällig in die Ärmel des Trägers passen. Beide Arme enden in weichen Gummipols- tern, die sich in die Handflächen schmiegen und so unan- genehmes Reiben oder Scheuern verhindern. Ein einfaches Bedienfeld in einem dieser Polster erlaubt es dem Gottes- dienstbesucher, den Armheber durch unauffälligen Tasten- druck mit einem Zeigefinger zu steuern (*siehe Abbildung*).

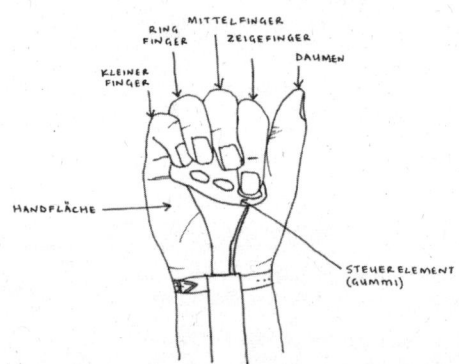

Ein zweites Bedienfeld, angebracht an dem Metallrahmen selbst, ermöglicht es dem Träger mit seiner anderen Hand das Gerät voreinzustellen, sodass seine Arme je nach Ge- schmack in Intervallen von einer, zwei, drei oder vier Minuten gehoben und gesenkt werden. Diese erstaunliche technische Errungenschaft gibt dem Anwender die Möglichkeit, während der Anbetungszeit den Kopf auf die Brust sinken zu lassen und sich mit einem Nickerchen zu erfrischen, zuversichtlich wissend, dass der *Automatische Armheber* sozusagen den Lobpreis für ihn übernehmen wird (*siehe Abbildung*).

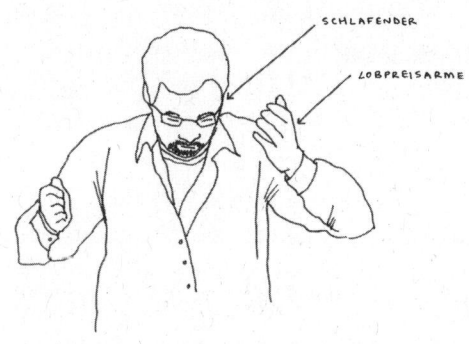

Berichte unserer Tester im Praxisversuch waren durchweg positiv, bis auf den einen, den wir hier veröffentlichen und der uns veranlasste, das hier beschriebene geringfügige technische Problem auszubügeln.

»Ich trug den *Automatischen Armheber* bei einem Gottesdienst unserer hiesigen Pfingstgemeinde und schaltete ihn auf einer voreingestellten Stufe ein, als der Lobpreisleiter den ersten Chorus des Morgens anstimmte. Leider musste sich wohl irgendein Kobold in dem Mechanismus eingenistet haben. Statt meine Arme langsam bis zu einer senkrechten Haltung zu heben und sie dort zwei Minuten verharren und sanft wieder sinken zu lassen, geriet er völlig außer Kontrolle und begann meine Arme in lächerlich hektischem Tempo unaufhörlich zu heben und zu senken. In Panik rief ich mehrmals aus: ›Oh Gott, ich weiß nicht, wie ich das abstellen soll!‹

Zum Glück müssen die Leute in meiner Reihe wohl alle gedacht haben, in mir manifestiere sich so etwas wie eine neue Welle oder Bewegung des Geistes. Binnen weniger Minuten wedelte die ganze Gemeinde im Takt mit mir wild mit den Armen und rief im Chor: ›Oh Gott, ich weiß nicht, wie ich das abstellen soll!‹

Die nächste Phase der Fehlfunktion war vielleicht noch bizarrer. Statt meine Arme parallel zueinander zu heben, begann die Maschine den linken und den rechten abwechselnd zu bewegen, sodass es so aussah, als vollführte ich mit meinem Oberkörper eine steife und irrsinnig schnelle Gehbewegung. Endlich fand ich die Geistesgegenwart, den Schalter in meiner Handfläche auf ›Aus‹ zu stellen, und der Albtraum war vorüber.

Ein positiver Aspekt all dessen war, dass ich, als ich ein paar Wochen später wieder in die Gemeinde kam, feststellte, dass die beiden Armbewegungsvarianten in den Bekenntnisteil des Gottesdienstes eingebaut worden waren. Zudem gingen zwei Leute sogar an den Wänden entlang herum und riefen unentwegt, sie könnten es nicht abstellen. Ihre mechanischen, abwechselnden Armbewegungen ließen sie aussehen wie wild gewordene Vettern von Spotty Dog, einer Figur, die die Älteren unter uns vielleicht noch aus der früher sehr beliebten Kinderfernsehserie *The Woodentops* in Erinnerung haben.

Trotz dieses befriedigenden Ausgangs, und sosehr ich es genoss, bei meiner Rückkehr als einer von der neuen Welle der Devonshire-Propheten gefeiert zu werden, würde ich Ihnen ernstlich nahelegen, diese geringfügigen mechanischen Probleme zu lösen, bevor Sie das Produkt zum Verkauf freigeben.«

Desmond Moore, Torquay

Wie Sie sich vorstellen können, fanden wir es außerordentlich faszinierend, wie Desmond Moore durch Zufall ein so faszinierendes Manöver entdeckte, doch wir können ihn beruhigen, dass wir die Ursache des Fehlers ausfindig gemacht haben und der *Automatische Armheber* nunmehr perfektioniert und einsatzbereit ist.

2. Der Unterarm-Engelsstimmengenerator

Dieses hoch entwickelte Werkzeug besteht aus einer am Gürtel zu befestigenden Musikanlage mit unter der Kleidung verlaufenden Kabeln, die zu zwei winzigen, aber aus-

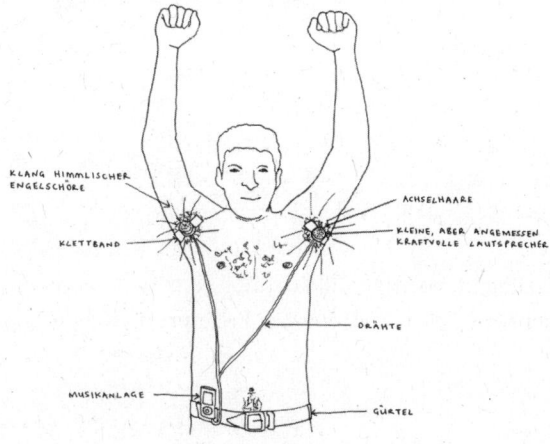

reichend starken, per Klettband beiderseits an der Unter-
armbehaarung befestigten Lautsprechern führen (*siehe Abbildung*). Im geeigneten Moment während einer Gemeindeveranstaltung kann der Gemeindelebenskünstler das Gerät
einschalten und aus seinen Achselhöhlen den sehr leisen,
aber unverkennbaren Klang singender Engelsstimmen ertö-
nen lassen. Natürlich steigt die Lautstärke etwas an, sobald
der Anwender die Arme hebt, und umgekehrt.

Leider ist der *Unterarm-Engelsstimmengenerator* noch nicht
ganz serienreif, da noch das eine oder andere geringfügige
Problem der Klärung bedarf. Zum Beispiel führt die rasche
Entfernung der Lautsprecher aus den Achselhöhlen unserer
Versuchspersonen nach wie vor dazu, dass diese schreiend
durchs Labor rennen, und hin und wieder kommt es vor,
dass das Gerät statt Engelsstimmen verzerrte Radio-4-Sen-
dungen und verärgerte Anrufe bei Pizzalieferanten wieder-
gibt. Gerade das letztere Phänomen wäre in einem kirchlichen Kontext bizarr, wenn nicht gar grotesk. Doch es wird
weiterhin daran gearbeitet; Sie dürfen also gespannt sein!

Elfter Teil

Die hohe Kunst der Prominenz

Für engagierte Gemeindelebenskünstler und -künstlerinnen war die Ironie schon immer eine Quelle der Ergötzung. Denken Sie zum Beispiel an jene Zeit von den 1960er- bis zu den 1990er-Jahren, als man regelmäßig hören konnte, wie Leute, die sich auf Veranstaltungen wie Greenbelt und Spring Harvest einer riesigen Popularität erfreuten, über den Personenkult klagten, der sich nicht nur unter jungen Leuten, sondern auch in der modernen Gemeinde ausgebreitet habe. Leider wurde diese Ironie in den letzten Jahren sozusagen weitgehend ausgebügelt, doch es besteht nach wie vor eine allgemeine Lust am Kontakt mit berühmten Leuten, die diejenigen unter uns, die eine Gelegenheit dazu sehen, weidlich ausnutzen können und sollten. Lassen Sie uns von den Meistern des Faches lernen.

Die Kunst, mit John Stott dicke zu sein

Darley Jameson wendet ein Nebenmanöver an, das er *Die Kunst, mit John Stott dicke zu sein* nennt, indem er sich einen Vorrat an Büchern hält, teils in seinem Gästezimmer, teils im Wohnzimmer, die scheinbar persönliche Widmungen der Autoren enthalten. Zum Beispiel enthält das 2003 von John Stott veröffentlichte Buch *Die Bibel verstehen* auf der Titelseite folgende handschriftliche Widmung:

>*Für Darley, meinen Mentor und Freund, wieder einmal mit tiefem Dank für Deine geduldige und unermüdliche Unterstützung. Dieses Buch ist eigentlich zur Hälfte von Dir.*

Alles Liebe, Stotty«

In *Einführung ins Christentum*, einem Werk, dass sieben Jahre früher, also 1996, erschien, hat Stott scheinbar folgenden Eintrag vorgenommen:

>*Meine besten Wünsche an Dich, Darley, in Dankbarkeit für all jene langen Nachmittage und Abende, die wir damit verbracht haben, dieses Material zusammenzustellen. Was für ein Vorrecht war es doch, zu Deinen Füßen zu sitzen. Ich werde immer dankbar sein für Deine Großzügigkeit und Demut. Mein Name steht auf dem Umschlag, doch Deine Gedanken und Dein Herz sind auf jeder Seite zu finden.*

In Freundschaft, Dein Stotty.«

Jameson ging immer mit großer Gründlichkeit vor. Nachdem er herausgefunden hatte, dass einer seiner Gemeindemitglieder einen von Stott handgeschriebenen Brief besaß, lieh er sich diesen aus und übte stundenlang mit größter Sorgfalt die Handschrift, bis seine Kopien von der Originalschrift praktisch nicht mehr zu unterscheiden waren. Auch war er in seinen Methoden, um seine Besucher auf diese Bücher aufmerksam zu machen, durchaus raffiniert.

»Schlaf gut«, sagte er milde zu einem Gast, während er ihm ein Glas Malzmilch reichte, das höchstwahrscheinlich von dem Gast, der keine Ahnung hatte, was das war, schon zuvor höflich abgelehnt worden war, »ich glaube, da oben stehen ein paar Bücher, falls du etwas zum Einschlafen brauchst. Bedien dich, alter Junge.«

Wenn der Gast dann am nächsten Morgen zum Frühstück erschien, mit *Einführung ins Christentum* wedelte und sich verblüfft über die Inschrift äußerte, runzelte Jameson die Stirn, blickte einen Moment lang ratlos drein und sagte dann etwa: »Ach du meine Güte, du meinst den alten Stotty. Ja, stimmt, das hatte ich ganz vergessen. Wir haben eine Zeit lang viel zusammen gemacht. Schau einer an, das Buch ist also doch noch da. Ich hatte mich gefragt, wo es geblieben ist.«

Dabei spielt es kaum eine Rolle, welches Buch sein Gast sich aussuchte, sei es im Gästezimmer oder unten im Wohnzimmer. Nach den Inschriften auf den Titelseiten über der Hälfte der Titel in Jamesons Sammlung zu urteilen, hatte er so ziemlich jeden bedeutenden Schriftsteller der letzten vierzig Jahre oder mehr erheblich beeinflusst. Ohne Jamesons Rat und Unterstützung hätte Henri Nouwen nie das Gleichnis vom verlorenen Sohn verstanden, wäre Gnade für Philip Yancey vielleicht doch nur ein Wort, hätte Rick Warren die Vision für seine Kirche verloren und würde Ortberg sich immer noch fragen, ob er aus dem Boot aussteigen soll oder nicht. Natürlich gab es auch Ausnahmen. Bücher von Autoren wie Adrian Plass und Jeff Lucas enthielten keine derartigen Inschriften. Damit hatte Jameson sich nicht die Mühe gemacht. Nur zu verständlich. Das Ziel eines Gemeindelebenskünstlers ist es ja schließlich, Eindruck zu machen.

Die Kunst der proaktiven Prominenz

Im Gegensatz dazu befürwortet Damian Eccles aus South-
port eine viel proaktivere, muskulösere Herangehensweise
an die Ausübung der *hohen Kunst der Prominenz*, wie sich
beispielhaft an einem erstaunlich erfolgreichen Manöver
zeigt, das er sich einfallen ließ, um anlässlich des Besuchs
des Erzbischofs von Canterbury in der Kirche St. Botolph's
the Lesser in Wolverhampton im Herbst 2004 eine Bekanntschaft mit dem Würdenträger anzuknüpfen.

Eccles erschien (verspätet, ohne sich dafür zu entschuldigen) zum Büfettempfang im Gemeindesaal, angetan mit
Turnschuhen, Jeans und T-Shirt, die Haare finster über die
Augen hängend und einen dicken Aktenordner unter dem
Arm. Er erweckte den Eindruck, abgelenkt und ungeduldig
zu sein, so als könnte er alles gebrauchen, nur nicht sich
ausgerechnet hier aufhalten zu müssen, wenn doch an-
derswo praktische, konstruktive Tätigkeiten auf ihn warteten, die wirklich etwas mit den Bedürfnissen der Menschen
zu tun hatten.

Während der ersten zwanzig Minuten des Empfangs
lehnte er lustlos an der Seitenwand des Saals und begrüßte
eine Handvoll der am wenigsten wichtig aussehenden Leute
mit auffälliger Herzlichkeit, während er den Erzbischof, der
sich bemühte, Tee zu schlürfen und Häppchen zu essen,
während er für eine wirbelnde Wolke von Motten die Lampe
spielte, demonstrativ ignorierte.

Schließlich stieß sich Eccles mit einem leichten Gähnen
von der Wand ab und schob sich finster blickend durch das
Gedränge quer durch den Saal, augenscheinlich ohne zu
merken, dass er dabei dem Ehrengast immer näher kam.

Genau in dem Moment, als er an der hochgewachsenen, in eine Robe gekleideten Gestalt vorbeikam, drückte Eccles plötzlich dem erschrockenen Erzbischof seinen Aktenordner in die Arme und vollführte einen Hechtsprung, um ein völlig sicher festgehaltenes Tablett mit Schnittchen aus den Händen einer völlig kompetenten, erschrockenen Kellnerin zu retten.

Nachdem er sich nach seiner Heldentat bescheiden wieder aufgerappelt hatte, schien Damian Eccles zusammenzufahren, als er merkte, dass sein Aktenordner, auf dem in riesigen Großbuchstaben die Aufschrift »LEBEN UND ARBEITEN MIT DROGENSÜCHTIGEN ALLEINSTEHENDEN MINDERJÄHRIGEN MÜTTERN IN SOZIALEN BRENNPUNKTGEBIETEN – EIN NEUES PROJEKT« prangte (*ähnliche, eigens hergestellte Aktenordner mit verschiedenen Aufschriften sind erhältlich beim Institut für Gemeindelebenskunst zum Preis von zwölf Pfund je Ordner, einschließlich Porto und*

*Verpackung – siehe Abbildung*²²), in den Händen des Erzbischofs von Canterbury ruhte. Wie er mir ein paar Tage später am Telefon sagte, erzielte er mit seinem Manöver ein mindestens fünfzehnminütiges Gespräch, an dessen Ende der Erzbischof darauf bestanden hatte, über den Fortgang des »neuen Projektes« auf dem Laufenden gehalten zu werden.

Ich brauche kaum hinzuzufügen, dass es dieses Projekt natürlich nicht gab. Um es mit Damians eigenen Worten zu sagen, wenn ein Komitee einberufen und beauftragt würde, die unwahrscheinlichste Tätigkeit zu formulieren, die D. Eccles je auf sich nehmen würde, dann würde das Ergebnis vermutlich lauten, dass Leben und Arbeiten mit drogensüchtigen alleinstehenden minderjährigen Müttern in sozialen Brennpunktgebieten ziemlich weit oben auf der Liste, wenn nicht gar ganz an der Spitze stünde.

Auf der anderen Seite machte dieses erfolgreiche Manöver es Damian möglich, beiläufig auf Dinge zu verweisen, die gesagt wurden, als »ich und der Erzbischof uns unterhalten haben«. Die Leute waren äußerst beeindruckt. Ein höchst erfolgreiches Manöver.

---

22 Weitere verfügbare Titel:
   Hilfe für verwaiste, ihrer Gliedmaßen beraubte und unter Gedächtnisschwund leidende Bewohner entlegener Bergregionen – die vergessene Minderheit
   Abmagerung und Autismus im Kontext schwerer Überflutungen – Herausforderungen an den Optimismus und Glauben
   Seelsorge und Hilfe für Angestellte in Atomkraftwerken – damit ihre Gesichter wieder strahlen können

Zwölfter Teil

Aufrichtigkeit und Gemeindelebenskunst

Die vielleicht am wenigsten gerechtfertigte Kritik an der Theorie und Praxis der Gemeindelebenskunst ist die, unsere Organisation lege keinerlei Wert auf Aufrichtigkeit. Unsere Entgegnung auf diese Verleumdung ist ganz einfach. Aufrichtigkeit ist ein wesentlicher Aspekt des Gemeindelebens für den Gemeindelebenskünstler, und wir im Institut achten sehr darauf, unsere Studenten dabei zu unterstützen, dieses äußerst wertvolle Talent bei sich zu entwickeln. Nachdem dieser wichtige Punkt klargestellt ist, ist zweifellos einzuräumen, dass auf diesem Gebiet für jeden Gemeindelebenskünstler und jede Gemeindelebenskünstlerin individuell andere Manöver am besten geeignet sind. Aus diesem Grund hielten wir es für angebracht, hier eine Auswahl an Auszügen aus Briefen zu veröffentlichen, die uns Leute eingesandt haben, die gerne bereit waren, ihre persönlichen Lösungswege zum Nutzen aller zur Verfügung zu stellen.

»Ich habe festgestellt, dass eine dünne Schicht Hämorridensalbe, vorsichtig ober- und unterhalb der Augen einmassiert, der Haut eine glatte Starrheit verleiht. Dies erleichtert eine kontextuelle Stetigkeit des Blicks, die aufrichtiger ist als alles andere, was ich je gesehen oder selbst zustande gebracht habe.«

George Shrub – Washington

»Ich habe zwei brauchbare Lösungen für das Aufrichtigkeitsproblem gefunden. Beide erfordern den Einsatz einer Menge mentaler Energie während meiner Ansprachen. Bei der ersten stelle ich mir einfach vor, ich wäre entweder mit dem verstorbenen Bernard Manning oder mit dem noch nicht hinlänglich verstorbenen Max Clifford verheiratet. Die intensive Kontemplation eines dieser Szenarien wirft einen Schatten solcher Traurigkeit und Verzweiflung auf meine Züge, dass jedes Wort, das ich sage, mit hingerissener Aufmerksamkeit aufgenommen wird.

Meine zweite Lösung besteht darin, mir einzureden, ich hätte nur sechzig Sekunden und einen Versuch, um das Wort *Diarrhoe* richtig zu schreiben, sonst würde ich bei lebendigem Leibe gehäutet und an ausgehungerte Schweine verfüttert. Die angespannte, konzentrierte Panik, die durch diesen innerlichen Prozess erzeugt wird, ruft einen Gesichtsausdruck hervor, der aufrichtiger nicht sein könnte.«

Iris Kawl, Canterbury

»Ich hatte lange mit Misserfolgen bei Aufrichtigkeitsproblemen zu kämpfen. Ja, es gab sogar einen Punkt, an dem ich dicht davor war, den Glauben an die Prinzipien der Gemeindelebenskunst völlig zu verlieren. Zum Glück traf ich kürzlich einen erstaunlichen Mann namens Butterfield[23], der jahrelange Erfahrung auf die-

---

23　Natürlich ist uns Butterfield keineswegs ein Unbekannter, wie sich aus diversen Abschnitten dieses Berichts ersehen lässt. Die *Reißzwecken-* *oder Nadelmasche* haben wir sogar bereits 1993 in unser formelles Curriculum aufgenommen. Seit jener Zeit sind auch eigens hergestellte,

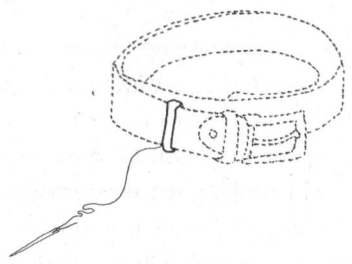

sem Gebiet hat. Sein Ratschlag war für mich der Durch-
bruch. Auf seine Anregung hin trage ich nun immer eine
Reißzwecke oder Nadel bei mir, wenn ich vor Gruppen
spreche. An der Stelle, wo es mir besonders wichtig ist
zu zeigen, dass ich von dem, was ich sage, leidenschaftlich überzeugt bin, pieke ich mir heimlich mit der
Reißzwecke in den Oberschenkelmuskel. Sofern ich fest
genug zusteche, wird sich durch den Schmerz unwillkür-
lich ein Atemstocken oder Schluchzen in meine Worte
hineindrängen. Zum Beispiel war meine Lesung des folgenden Verses aus Offenbarung, Kapitel drei, ungemein
erfolgreich:

›Siehe, ich stehe vor der Tür und klopfe an. Wer meine –
aaaah! – Stimme hört und mir öffnet ... usw.‹

Natürlich sollte dieses Manöver nicht mehr als zweimal
während einer Ansprache oder eines Vortrags zur Anwendung kommen, aber ich muss sagen, dass die Wir-

langlebige Nadeln, aufgefädelt auf unsichtbare Angelschnur und befes-
tigt an praktischen Gürtelklemmen (*drei Pfund fünfzig einschließlich
Porto und Verpackung*) als einer unserer grundlegenden Ausrüstungsge-
genstände erhältlich.

kung auf die Zuhörer spektakulär ist. Danke, Butterfield. Sie haben mir meinen Glauben zurückgegeben.«

Sebastian Rook, Wantage

»Meine Methode, die Sache mit der Aufrichtigkeit in den Griff zu bekommen, wenn ich predige, besteht darin, mir einen Krimi oder irgendetwas, was ich wirklich gerne lese, mit auf die Bühne zu nehmen, ohne dass es jemand sieht. Dieses Buch verstecke ich dann auf dem Rednerpult unter meiner Bibel, und wenn ich dann an die Stelle in meiner Ansprache komme, wo ich tief bewegt wirken möchte, ziehe ich den Roman unter der Bibel hervor und schmökere ein bisschen darin. Dabei verharre ich wahrscheinlich völlig reglos, weil mich das Buch total packt, doch aus der Sicht der Penner[24] da unten sieht es so aus, als müsste ich mich eine halbe Minute lang konzentrieren, um meiner Gefühle Herr zu werden und mich zusammenzureißen. Einmal las ich sogar anderthalb Kapitel, bevor mir plötzlich wieder einfiel, wo ich war. Hinterher sagte mir jemand, es sei die beste Ansprache gewesen, die er je gehört hätte!

Und gegen die Langeweile hilft es auch.«

Mark Williams, Cardiff

---

[24] Obwohl wir Mark Williams' Einfallsreichtum und seine Bereitschaft, andere Studenten an seiner Masche teilhaben zu lassen, sehr schätzen, möchten wir uns davon distanzieren, das Gemeindevolk als »Penner« zu titulieren. Gemeindelebenskünstler zu werden darf nie bedeuten, dass Respekt und Höflichkeit auf der Strecke bleiben. Schließlich sind diese Leute wertvolle Aktivposten.

»Mein Aufrichtigkeitsmanöver besteht im Grunde darin, mir vorzustellen, ich wäre im Begriff, eine Schüssel kalter Kutteln in ranzigem Olivenöl zu essen. Allerdings ist Vorsicht angebracht. Die Blässe und die hervorquellenden Augen sind sehr wirkungsvoll, aber es ist schon vorgekommen, dass ich mich um ein Haar über die erste Reihe übergeben hätte.«

Gloria Marsh, Broom

Dreizehnter Teil:
Pendelmanöver

Studenten der Gemeindelebenskunst sind oft überrascht zu erfahren, dass wir uns als Bewegung tief in der Schuld Martin Luthers und seines Beitrags zum theologischen Denken stehend wissen. Das gilt besonders in dem Sinne, dass die Lehre von der Errettung durch Gnade von Gemeindelebenskünstlern und Nicht-Gemeindelebenskünstlern gleichermaßen vielfach unklar als diametraler Gegensatz zu der göttlichen Forderung nach guten Werken im Leben der Gläubigen missverstanden wird.

Natürlich erwarten wir nicht von unseren Studenten, dass sie sich mit allen Einzelheiten dieser Frage aufhalten (in der Tat sind das zweite Kapitel des Epheserbriefes und der gesamte Jakobusbrief in allen unseren Kursen Pflicht-Nichtlektüre). Doch die Glaube/Werke-Illusion ist in vielen Zusammenhängen für Gemeindelebenskünstler und -künstlerinnen sehr nützlich, insbesondere insofern, als sie sich in den wichtigen und fruchtbaren Bereich der *Pendelmanöver* hinein erweitert. Einige der erfolgreichsten dieser Pendelmanöver sind im Folgenden aufgeführt.

Das Gnade/Werke-Grundmanöver

Wachsame Gemeindelebenskünstler und -künstlerinnen werden immer im Blick behalten, in welche Richtung das Pendel in ihrer Gemeinde gerade schwingt, und dies wird sich höchstwahrscheinlich zwischen den Phantompolen der Gnade und der Werke abspielen. Jeremy Gates-Pound aus Gloucestershire ist ein ungemein erfahrener Gemeindelebenskünstler und der Urheber des *Besorgtes-Kopfkratzen-Nebenmanövers* oder BKKN, das schon von buchstäblich Hunderten unserer Mitglieder mit solch glänzendem Erfolg angewendet worden ist.

Gates-Pound vertritt die (für einen Gemeindelebenskünstler bemerkenswert philosophische) Ansicht, dass alle kirchlichen Gemeinschaften zu jedem gegebenen Zeitpunkt dabei sind, entweder zu einem Zustand des Seins oder zu einem Zustand des Tuns hinzuschwingen. Es ist, so Gates-Pound, die Aufgabe des Gemeindelebenskünstlers, den Punkt richtig einzuschätzen, an dem diese Oszillation durch den gezielten Einsatz der BKKN oder ihrer Varianten aufzuhalten oder umzukehren ist. Ziel ist es dabei immer, die Gemeinde daran zu hindern, a) einem Ende des Spektrums zu nahe zu kommen und b) sich die theologische Wahrheit zueigen zu machen, dass es überall da, wo die Gnade wirklich Glauben gepflanzt hat, unvermeidlich ist, dass daraus gute Werke folgen werden. Gnade und Werke sind keineswegs Gegensätze, sondern sie sollen gewissermaßen zwei Seiten derselben Münze sein.[25] Wenn eine Gemeinde diese letztere Wahrheit begreift, so ist für Gemeindelebenskünst-

---

25 Es ist wichtig, hier auf einen bedeutsamen Unterschied zwischen der Pionierarbeit von Gates-Pound und der von Steadman bei seiner Gemeinde-Karussell-Taktik (siehe Abschnitt über *Die Kunst der besonderen Beziehungen*) hinzuweisen. Steadman *distanzierte* sich, Gates-Pound *schmeichelte sich ein*. Es nützt nichts, hier Vergleiche anzustellen. Erinnern wir uns lieber der Worte des verstorbenen Vernon Poole, des Dichters der Gemeindelebenskunst:

ler und -künstlerinnen Not am Mann. Darum ist auch dieses Manöver so wichtig.

Hören wir, wie Gates-Pound selbst seine Ausführung beschreibt:

»Die Macht der BKKN wurde mir zum ersten Mal bewusst, als es mir gelungen war, in ein Gremium namens ›Weiterentwicklungs- und Strategieteam‹ (kurz WUST) in einer anglikanischen Gemeinde in dem kleinen Dorf Cornford in Kent, auf halbem Weg zwischen Ashford und Canterbury, gewählt zu werden. Zu acht trafen wir uns eines Mittwochmorgens in meinem Haus (**Strategie** meinerseits, da es mir geeignet schien, um mein Gewicht in der Gruppe **weiterzuentwickeln**, wenn Sie verstehen, was ich meine), um zu diskutieren, wie wir als Gemeinde Anteilnahme für unsere Nachbarschaft zeigen könnten, indem wir regelmäßig praktische Hilfe und Unterstützung anboten. Diese Aussicht erfüllte mich natürlich mit Sorge, und so hatte ich einen Teil des Vorabends damit verbracht, mir einen Aktionsplan für den nächsten Vormittag zurechtzulegen. Dieser Plan enthielt die folgenden Elemente (*siehe Diagramme*):

Zwei Maschenleger, einig im Gefecht,
Der eine steht in Finsternis, die andere im Licht.
Und wer will sagen, er hat unrecht, sie hat recht,
wenn sie des Opfers schwachen Punkt erkennen nicht?

Sie können sich durchaus an jedem dieser großen Vertreter der Gemeindelebenskunst orientieren, aber bedenken Sie, dass beide viel zu bieten haben.

1. Ich verzichtete bewusst an diesem Morgen auf die Rasur.

2. Ich beschloss, das Treffen an meinem Esszimmertisch stattfinden zu lassen, um dem Prozedere eine formellere, sitzungsähnliche Atmosphäre zu verleihen.

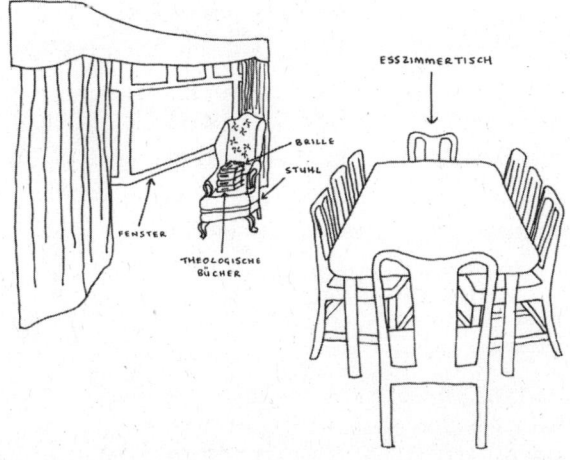

3. Ich platzierte einen großen Stapel theologischer Bücher auf dem Stuhl neben dem Fenster an der langen Seite des Tisches und legte obendrauf meine Brille,

damit sie für alle sichtbar war und damit niemand sich dort hinsetzen konnte.

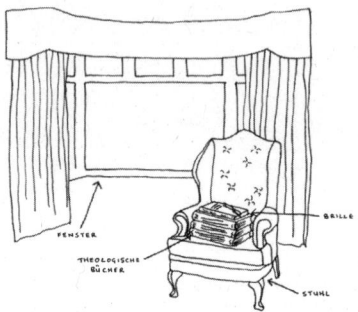

4. Ich kaufte eine außergewöhnlich verlockende Auswahl von Keksen, die ich zu dem eigens zubereiteten italienischen Kaffee und alternativ dazu einem erstklassigen koffeinfreien Kaffee anbieten würde.

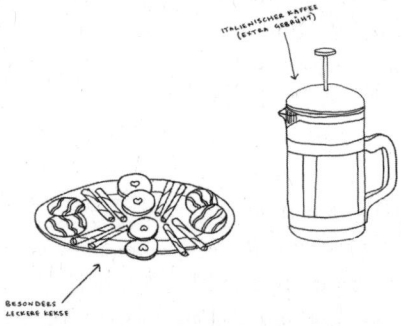

5. Bevor der Erste eintraf, zerzauste ich mir die Haare zu einer liebenswerten Wuschelfrisur, machte den obersten Knopf meines Hemdes auf und verschob meine Krawatte bei gelockertem Knoten ein wenig nach links (*siehe Abbildung*).

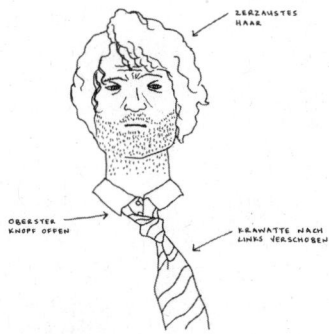

Als die anderen eintrafen, begrüßte ich sie mit einem liebenswürdigen, erschöpften Lächeln, bewirtete sie mit dampfendem Kaffee (je nach Wahl normal oder entkoffeiniert, wie beschrieben), einem kleinen Glas kaltem Wasser und einer Mischung von Schokoladenkeksen. Außerdem erkundigte ich mich eingehend nach ihren Familien. Als die formelle Diskussion begann, lächelte ich unentwegt und nickte jedem Sprecher zu,[26] sagte selbst aber nichts.

Endlich kam der Moment, in dem ich es für richtig hielt, den ersten Teil meines Hauptmanövers durchzuführen.

Während ich mich ungestüm herumdrehte und meinen Arm über die Rückenlehne meines Stuhls hängen ließ, warf ich in byronscher Manier meinen Kopf zurück und starrte aus dem Fenster, als erspähte ich weit, weit weg oben am Himmel die Umrisse einer großen, strahlenden Wahrheit.

26 Unser dreiwöchiger Kurs »Lächeln und Nicken« findet jeden Herbst im Institut für Gemeindelebenskunst statt.

Ich wandte mich wieder dem Tisch zu, fasste mich mit einem kleinen entschuldigenden Lächeln und richtete meine ganze, gebannte Aufmerksamkeit auf Phyllis Denham, die mit solcher Folgerichtigkeit und Leidenschaft sprach, dass es notwendig wurde, den Teller mit den Keksen in ihre Richtung zu schieben und einen oder zwei davon ungeschickt vor ihr über den Rand fallen zu lassen, während sie sprach, um ihren Redefluss zu unterbrechen und den Schwung meines Manövers nicht verebben zu lassen.

Endlich erkannte ich instinktiv den richtigen Moment für die Ausführung der eigentlichen BKKN. Ich stützte meine Ellbogen vor mir auf den Tisch, ließ den Kopf sinken und schrubbte und kratzte eifrig auf dem Mittelscheitel meiner Haare herum, während ich insgeheim mit meinen beiden kleinen Fingern meine Augen knetete, um sie etwas blutunterlaufener zu machen (*siehe Abbildung*), bis schließlich jemand sagte: ›Alles in Ordnung, Jeremy?‹

Langsam kam ich wieder zum Vorschein und warf ein zerknittertes, triefäugiges Lächeln in die Runde, bevor ich sprach.

›Doch doch, alles in Ordnung, wirklich. Ich bin nur den größten Teil der Nacht wach gewesen und habe nachgedacht – gebetet, ihr wisst ja, wie das ist. Auch ein paar Seiten gelesen.‹

Bei diesen Worten klopfte ich ein wenig verlegen auf den Stapel theologischer Bücher neben mir.

›Ich sage euch was, Leute, ich bin ein kleines bisschen besorgt um die Richtung, in die wir uns bewegen – aber vielleicht ist das jetzt nicht der richtige Zeitpunkt, um ...‹

Angefüllt mit meinem Kaffee, meinen Keksen und meiner allgemeinen Gastfreundschaft versicherten mir alle, jetzt sei durchaus der richtige Zeitpunkt.

›Nun, es ist wohl einfach so, dass ich sehr froh bin über das, was wir hier tun, was wir vorhaben und so, aber ich bin mir nicht halb so sicher darüber – nun, darüber, was wir *sind*. Wir tun das alles, weil wir – was sind? Ich halte das für wichtig, und ich weiß nicht, ob ihr mir zustimmt, aber ich fände es sehr schade, in dieser ganzen Geschäftigkeit des *Tuns* unterzugehen. Ich würde mir nicht wünschen, dass das an den Rand gedrängt wird. Sagt ihr es mir. Ist das dumm von mir? (*Ein kleines selbstironisches Schmunzeln wirkt an dieser Stelle Wunder.*) Ich rede wirklich manchmal eine Menge Unsinn, wenn ich müde bin.‹

Doch nein, es war nicht dumm von mir, wie sich herausstellte, und jeder stimmte mir zu, dass es ein Jammer wäre, wenn was-auch-immer-es-war in was-auch-immer-das-andere-war unterginge, und vielleicht sollten wir ein bisschen langsamer vorgehen und uns erst einmal vergewissern, ob wir usw. usf.«

Gates-Pound bietet hier Gemeindelebenskunst wie aus dem Lehrbuch, und es lohnt sich, auf die Wahrheit hinzuweisen, die hinter diesem vorzüglichen Manöver steckt. Nämlich dass es fast immer möglich ist, eine Gemeinde zu einer Vollbremsung zu veranlassen, indem man die Meinung äußert, es sei an der Zeit, »unsere geistliche Identität und das wahre Wesen unseres Auftrags neu zu definieren«. Erfahrungen zeigen, dass sich auf diese Weise volle sechs Monate Tatenlosigkeit herbeiführen lassen, während die Gemeinde sich an dieser buchstäblich unmöglichen Aufgabe versucht. Kirchenleute neigen dazu, in diesem Bereich sehr ängstlich und unsicher zu sein. Es wäre geradezu eine Sünde, diesen Umstand nicht auszunutzen.

Die Kunst, Oscar Wilde zu sein – Weisheit in der Gemeinde

Die Kunst, Oscar Wilde zu sein, ist lediglich ein Zweig des *Pendelmanövers* und eine Variante zu Elaine Broadwaters Entdeckung der Macht der Gegensätze. Sie bietet selbst dem dümmsten und begriffsstutzigsten Gemeindelebenskünstler die Möglichkeit, im gemeindlichen Umfeld den Eindruck großer Weisheit zu erwecken. Der Name des Manövers rührt von einem jener seltenen Momente der Inspiration her, als der Gemeindelebenskunstveteran J. V. Toll aus Broadstairs sich dabei ertappte, wie er einen Kaffeebecher anstarrte, der in der Küche seines Hauses auf der Fensterbank stand. Auf dem Becher war ein Zitat von Oscar Wilde aufgedruckt, einem Dichter und Dramatiker, dem in unserer modernen Zeit zweifellos ein blitzartiger Aufstieg durch die Reihen der Gemeindelebenskunstbewegung beschieden wäre. Tolls Becher trug die kurze Aufschrift:

>Nur Langweiler sind beim Frühstück geistreich.«

Oscar Wilde

Zwei Gedanken zuckten mit der Lebendigkeit einer göttlichen Offenbarung durch Tolls Kopf. Der eine war die Tatsache, dass dieser typische Wilde-Spruch nicht einen Deut weniger tiefsinnig wäre, wenn man die Wörter »Langweiler« und »geistreich« austauschte:

>Nur geistreiche Leute sind beim Frühstück langweilig.«

J. V. Toll

Wie wir bei der Auswechslung christlicher Ausdrücke bereits gesehen haben (siehe Abschnitt über *Die Kunst der schwammigen Wörter*), gibt es in diesem Bereich endlose Möglichkeiten, doch was Toll erst richtig inspirierte, war sein zweiter Gedanke. Könnte es nicht sein, so fragte er sich, dass ein ehrgeiziger Gemeindelebenskünstler nur Gegensätze im Kontext des Paradoxen einsetzen muss, um einen Anschein ans Mystische grenzender Weisheit zu erwecken? Nach ausgiebigen Experimenten und Nachforschungen fand er heraus, dass dies tatsächlich der Fall ist, und die Früchte seiner Arbeit stehen nun unseren Mitgliedern zum Gebrauch zur Verfügung.

Toll sagt, richtig angewendet, seien solche verblüffenden Plattitüden in der Lage, Diskussionen und Bibelarbeiten zum völligen Stillstand zu bringen, während die Leute sich abmühen, wie Toll es ausdrückt, »die Gedanken wie festgeklebte Kaugummis von den Innenseiten ihres Geistes abzu-lösen«. Einige Beispiele folgen. (*Die volle Liste ist erhältlich beim Institut für Gemeindelebenskunst zum Preis von zwei Pfund fünfzig, einschließlich Porto und Verpackung.*)

1. Wer alles annimmt, hat alles abgelehnt, doch wer nichts annimmt, wird von all denen abgelehnt werden, die alles angenommen haben.

2. Nur ein Mensch, dem jeder Glaube fehlt, kann erahnen, was es heißt, zu glauben.

3. Wir werden Gott nicht finden, solange wir nicht endlich akzeptieren, dass wir ihn verloren haben.

3a. Wir werden Gott nicht verlieren, solange wir akzeptieren, dass wir ihn nie gefunden haben.

4. Indem wir willentlich in die dunkelste Wolke hineingehen, werden wir zum ersten Mal klar sehen.

5. Wir werden erst dann wirklich lernen, zu lieben und nicht zu hassen, wenn wir lernen, die Lieblosigkeit in uns und anderen zu hassen, die Hasslosigkeit in anderen und in uns zu lieben, die Liebe in uns und in anderen zu lieben und den Hass zu hassen, der in anderen und in uns ist, wenn nicht die Liebe in uns und in anderen ist.

6. Wenn Gott von direkt hinter uns spricht, kannst du sicher sein, dass er direkt vor uns ist, und wenn er von vor uns spricht, ist er unweigerlich hinter uns.[27]

---

27 Trotz der aberwitzigen Vorstellung, dass Gott wie Norman Wisdom auf Koks ständig im Kreis um diejenigen herumrennt, zu denen er spricht, berichtet Toll, diese »Weisheit« sei feierlicher und ehrfürchtiger aufgenommen worden als fast jede andere. Das ist viel häufiger der Fall, als

7. Mitten in der Dunkelheit finden wir Licht, und jenes Licht ist das wahre Herz der Dunkelheit, so wie das Herz des Lichts der dunkelste Ort ist, den wir je kennen werden.

8. Indem wir aufbrechen, werden wir bleiben; indem wir streben, werden wir Ruhe finden; indem wir zerstören, werden wir aufbauen; indem wir weinen, werden wir froh sein; indem wir essen, werden wir hungern; indem wir fasten, werden wir gespeist; und in der Freude werden wir den tiefsten Sinn der Trauer erkennen.

9. Wirf die Münze des Himmels und der Hölle, wenn du willst, aber denk daran, wenn sie landet, wird es immer die verdeckte Seite sein, die sichtbar ist.

10. Wer sich Gott nahen will, muss lernen, mit den Augen zu hören, mit den Ohren zu riechen und mit der Nase zu sehen.

man denken könnte. Gemeindelebenskünstler Simon Veil aus Peel auf der Insel Man pflegte zu sagen:

»Gnade und Gesetz sind keine Bettgenossen, sondern Wandergefährten.«

Vierzehnter Teil:
Die hohe Kunst des Aus-der-Fassung-Bringens

In einem gewissen Sinne ist die beständige Herausforderung an den Gemeindelebenskünstler und die Gemeindelebenskünstlerin, die wirklich etwas bewegen wollen, immer die, andere *aus der Fassung zu bringen*. Wie der große Durham Steadman so richtig bemerkt:

> »Geh den Leuten auf die Nerven, um sie aus der Bahn zu werfen.«

Dennoch widmen wir diesem Thema einen eigenen Abschnitt, weil manche der diesbezüglichen Manöver so einfach und so spezifisch und so vorzüglich in diesem Begriff enthalten sind. Im Allgemeinen bezeichnen wir die Person, gegen die das Manöver sich richtet, als *Fassungsverlustkandidat*.

Die Kunst der guten Wünsche

Wie so viele der besten Manöver ist *Die Kunst der guten Wünsche* in ihren Grundzügen trügerisch einfach, doch erfolgreich eingesetzt werden kann sie nur mit der Fertigkeit und Konzentration, die man bei geübten Gemeindelebenskünstlern und Gemeindelebenskünstlerinnen findet.

Als ich in einer großen Methodistengemeinde als Verwaltungsleiter eingesetzt war (eine Aufgabe, die ich mir auf Aufforderung hin zueigen gemacht und durch massives Delegieren binnen drei Monaten in einen Job verwandelt hatte, der minimale Anwesenheit und absolut keinerlei Arbeit meinerseits erforderte), stellte sich ein Mann namens Norman Colsworthy als Bewerber um den nervenkitzelnd betitelten Posten des Musikpastors vor. Colsworthy wirkte am Tag seines Besuchs bedrohlich erwachsen und viel versprechend, sodass ich es für ratsam hielt, *Die Kunst der guten Wünsche* ins Spiel zu bringen, kurz bevor er den Chor und die Musiker der Gemeinde kennen lernen sollte.

Ich fand ihn in der Gemeindekantine vor, wo er gerade nervös den letzten Schluck aus einem Becher Kaffee nahm, und verlor keine Zeit. Begierig, ihm die Spannung und Dringlichkeit des Augenblicks begreiflich zu machen, balancierte ich unsicher (und unnötigerweise) auf einem Bein (*siehe Abbildung*) und lehnte mich über die lange Seite des Tisches, an dem er saß. Indem ich eine seiner Hände mit meinen beiden Händen umschloss, schaute ich ihm tief in die Augen und sprach ihn mit gedämpfter Intensität an.

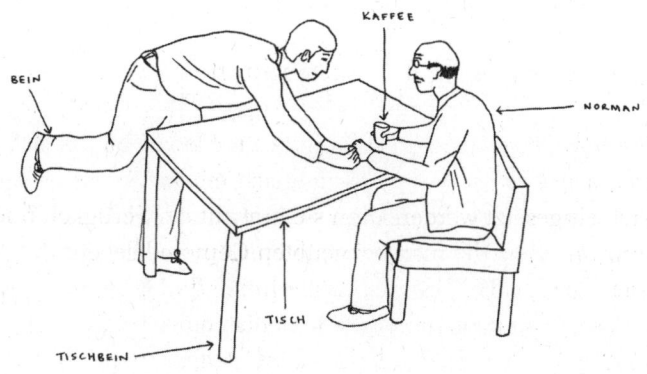

BEIN

KAFFEE

NORMAN

TISCH

TISCHBEIN

ICH: Norman, ich möchte – es macht dir doch nichts aus,
wenn ich dich duze, oder?

COLSWORTHY: Äh, nein, nein, überhaupt nicht. Was,
äh ...?

ICH: Norman, ich weiß, du wirst jetzt gleich allen aus dem
Musikteam begegnen, aber – (*ich verdreifache die Intensität*) hör zu, mein Lieber. Ich habe gerade einen Anruf erhalten (*das stimmte; meine Mutter hatte angerufen und mich
gebeten, später am Abend bei ihr vorbeizukommen und die
Mülltonnen hinaus auf die Straße zu stellen*), und wir
möchten dich einfach wissen lassen, dass wir alle in diesen schwierigen Momenten in Gedanken und im Gebet
hinter dir stehen. Wir möchten, dass du das weißt; das ist
uns sehr wichtig.

COLSWORTHY: Ja, danke, aber ... ich verstehe nicht ganz.
Meinst du, du hast etwas gehört über ...?

ICH: (*drücke seine Hand noch fester und lege dann einen Finger
auf meine Lippen, wie um anzudeuten, es wäre besser, die
Bekanntgabe einer sehr traurigen Nachricht noch etwas zu
verschieben*) Still, Norman – geh zu den Musikern, und
ich warte hier auf dich. Geh jetzt. Geh zu ihnen. Geh
schnell ...

Colsworthy schwitzte und war in Panik aufgelöst, als er dem
Chor und den Musikern begegnete. Und er reagierte sicht-
lich gereizt, als er in die Kantine zurückkehrte, von dem
Anruf meiner Mutter erfuhr und hörte, dass ich ihm nur für
den nächsten Teil seines Vorstellungsgesprächs alles Gute
wünschen wollte. Das war ganz und gar nicht die Haltung,
die wir in unserer Gemeinde gerne sehen wollten; da waren
wir uns alle einig. Schon wenig später tauchte ein weitaus

passenderer Kandidat auf. Weniger musikalisch, aber leichter im Reigen zu führen sozusagen. Ein ganz wichtiger Punkt. Denken Sie immer daran: Aus gemeindelebenskünstlerischer Sicht sollte die Person, die die Aufgabe hat, den Chor und die Musiker zu organisieren, immer *von ihnen geleitet* werden und nicht umgekehrt.

Die Kunst, der Einzige zu sein

Dieses wohldurchdachte aus der Fassung bringende Manöver, entworfen und entwickelt von Gillian Jessop aus Streatham, ist darauf angelegt, Workshops oder Seminare, die gut laufen und kreativ gestört werden müssen, aus dem Gleis zu bringen. An einer Stelle, wo echte Fortschritte gemacht werden, fragt der Gemeindelebenskünstler (vorzugsweise in einem Tonfall, der anzeigt, dass er genau weiß, dass man ihm nicht zuhören wird), ob er etwas sagen dürfe. Sobald ihm das Wort erteilt ist, ergreift er es mit einem sorgfältig gemessenen Tonfall liebenswürdiger Empörung, begleitet von einer leichten, aber schnellen Kopfschüttelbewegung.

> »Ich möchte eigentlich nur Folgendes sagen. Bin ich der Einzige, der wirklich nicht die leiseste Ahnung hat, was das hier eigentlich alles soll und was uns dieses ganze Zeug nützen soll?«

Gruppenleiter, die noch unerfahren sind oder aufrichtig teilnahmsvoll, aber ängstlich sind, sind durch dieses clevere Manöver äußerst angreifbar. Seien Sie sich jedoch stets der Tatsache bewusst, dass Gemeindelebenskünstler und

-künstlerinnen überall auftauchen können und von Natur aus schwer zu entdecken sind.

Miles Thatcham, einer meiner früheren Studenten und ein sehr fähiger Gemeindelebenskünstler, setzte einmal Gillians Manöver ein, ohne zu ahnen, dass der Mann, der das Seminar über *Praktische Spiritualität* leitete, Jeremy Crown-Carstairs (siehe Abschnitt über *Die Kunst, nicht mitzumachen*), ein Gemeindelebenskünstler von enormen Fähigkeiten, war. Crown-Carstairs' Gegenmanöver auf Thatchams Frage erfüllte alle Erwartungen an einen so bewährten Vertreter unserer Kunst.

»Wow! Diese Frage möchte ich gerne gleich aufgreifen«, erwiderte er und sprang voller Begeisterung und Energie von seinem Stuhl auf. »Lassen Sie uns alle abstimmen. Kommen Sie! Heben Sie Ihre Hände, wenn Sie Miles zustimmen, dass ich nur Ihre Zeit vergeude. Ich werde das gern als Wegweisung des Herrn annehmen, wenn es so ist. Und Ihnen möchte ich aufrichtig danken, Miles, dass Sie den Mut und das Engagement gezeigt haben zu sagen, was Sie auf dem Herzen haben. Dazu wäre nicht jeder in der Lage gewesen. Sie sind ein Star, mein Lieber.«

Er lächelte ringsum in alle Gesichter, und mein lieber Schwan, ich kann Ihnen sagen, dass Crown-Carstairs es besser drauf hatte, sein Gesicht vor strahlendem Wohlwollen aufleuchten zu lassen, als jeder andere Gemeindelebenskünstler, den ich je gekannt habe. Besonders beeindruckend, wenn man bedenkt, dass er ein forscher, unangenehmer Mensch war und ist, der die meisten Leute äußerst lästig findet und eigentlich niemanden *mag*.

Natürlich hob sich nicht eine einzige Hand, und Thatcham wurde für den Rest der Veranstaltung von den anderen gemieden und finster angestarrt. Wir alle müssen lernen, und da können wir auch gleich von einem Experten lernen.

Die Kunst der hilfreichen Traktate

In dieser Zeit des Desktop-Publishings gibt es so viele neue Möglichkeiten für unternehmungslustige Gemeindelebenskünstler und -künstlerinnen. Hier im Institut haben wir uns mit der Herstellung einer Auswahl broschürenähnlicher Traktate befasst, deren Titel in großen, fluoreszierenden Kapitalen gedruckt sind (*erhältlich beim Institut für Gemeindelebenskunst zum Preis von vier Pfund fünfzig pro Traktat, einschließlich Porto und Verpackung – siehe Abbildung*). Bisher sind folgende Titel erschienen:

 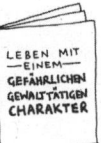   

LEBEN MIT LÜSTERNHEIT (lila Schrift)
LEBEN MIT EINEM GEFÄHRLICH GEWALTTÄTIGEN TEMPERAMENT (rote Schrift)
LEBEN MIT EINER STARK ANSTECKENDEN KRANKHEIT (hellgrüne Schrift mit kleinen kakifarbenen Flecken)
LEBEN MIT TOTALEM VERLUST DES GLAUBENS (schwarze Schrift)
ENDLICH WIEDER AUSSERHALB DER PSYCHIATRIE LEBEN (neon-orange Schrift)

Das korrekte Manöver mit diesen eindrucksvoll bunten kleinen Broschüren vollzieht sich in sechs leicht verständlichen
Schritten.

1. Wählen Sie einen Moment aus, in dem der poten-
    zielle Fassungsverlustkandidat zusammen mit ande-
    ren in einem Zimmer sitzt, vielleicht bei irgendeiner
    Art von Besprechung.
2. Platzen Sie zur Tür herein, ohne anzuklopfen.
3. Tun Sie so, als bemerkten Sie die anderen im Raum
    gar nicht, gehen Sie direkt auf die betreffende Person
    zu und halten Sie zum Beispiel ein Exemplar von
    LEBEN MIT LÜSTERNHEIT vor sich, während Sie
    sich ihr nähern.
4. Gebrauchen Sie folgende Formulierung: »Ach, Roger,
    ich habe hier ein Exemplar von der Broschüre, von
    der du sagtest, du würdest gerne mal einen Blick –«
5. Schauen Sie sich plötzlich erschrocken um und sagen
    Sie: »Oh, tut mir leid! Ich habe mich in der Zeit geirrt.
    Ich wusste nicht, dass du gerade mitten in ... tut mir
    leid! Hach, das ist mir aber furchtbar peinlich ...«
6. Bemerken Sie plötzlich, dass die leuchtend lila Worte
    auf dem Umschlag des Traktats von allen gesehen
    werden können, umso mehr, als Sie sich während
    Ihrer Entschuldigungen langsam um die eigene
    Achse gedreht haben. Verbergen Sie sie ungeschickt,
    während Sie sich mit einer Miene niederschmettern-
    der Verlegenheit rückwärts zur Tür hinausbegeben.
    Halten Sie sich nicht weiter auf. Vertrauen Sie auf
    Ihr Manöver. Denken Sie daran, dass es nichts gibt,
    was der Fassungsverlustkandidat nach Ihrem Ver-

schwinden noch tun oder sagen könnte, was die Sache für ihn noch zehnmal schlimmer machen würde, als sie sowieso schon ist.

Wichtig ist zu betonen, dass bei der Ausführung dieses Manövers unbedingt die richtige Formulierung angewendet werden muss. Samuel Kettering, heute aus Sandborne, berichtet von einem quälenden Erlebnis in einer unierten Kirchengemeinde nahe Whitstable. Kettering rauschte in ein Sitzungszimmer, in dem ein Mann namens Alvin Sampson gerade dabei war, ein Brainstorming über die Frage zu leiten, wie sich der Glaube der Gemeindeglieder stärken ließe. Was Kettering nicht wusste, war, dass Alvin Sampson eines der seltenen Genies war und ist, die aus dem Stall der Gemeindelebenskunst hervorgegangen sind. Ich sollte noch hinzufügen, dass er ein Mann ist, der im persönlichen Gespräch folgendes Glaubensbekenntnis ablegt: »Ich schätze, es könnte etwas da draußen geben. Eine Art Energie – wer weiß? Ich jedenfalls nicht.«

Kettering hielt sich perfekt an die ersten drei Stadien des Manövers und wedelte für alle sichtbar mit dem Traktat **LEBEN MIT TOTALEM VERLUST DES GLAUBENS**, als er hereinkam. Erst bei der Ausführung des vierten Schrittes beging er seinen Fehler, aus dem sich dieser kurze, aber eindrückliche Dialog entspann.

KETTERING: Ach, Alvin, ich habe dir diese Broschüre mitgebracht.

SAMPSON: (*völlig gelassen und ohne mit der Wimper zu zucken*) Oh, danke, dass du sie mir wieder zurückgebracht hast, Sammy. Hat sie dir ein bisschen weitergeholfen? Dafür habe ich nämlich gebetet, alter Junge. Danke, dass du sie mir rechtzeitig bringst, damit unsere Freunde hier alle einen Blick hineinwerfen können. Dafür hatte ich sie nämlich gekauft. Ich habe schon so oft erlebt, dass sie Leuten eine Hilfe war. Weißt du was? Im Moment bin ich ziemlich beschäftigt, aber wir sehen uns später, und dann kannst du mir erzählen, wie es dir damit ergangen ist – wir werden mal in aller Ruhe reden. Versprochen! (*Zwinkert verschwörerisch und droht mit liebevoller, gespielter Strenge mit dem Finger*) Und gib mir bloß nicht auf oder mach sonst irgendwelche Dummheiten, klar, mein Lieber?

Kettering, nunmehr frisch gebrandmarkt als bedürftiger Jünger Sampsons, der keinen Glauben hatte und »mal in aller Ruhe reden« musste, flüchtete jämmerlich aus dem Zimmer, und es fiel ihm nichts mehr zu sagen ein, sodass Sampson viel sagend den Kopf schüttelte und in besorgtem, verantwortungsbewusstem Tonfall sagte, dies sei genau die Art von Problem, über die zu sprechen man heute zusammengekommen sei.

Manchmal sagen Leute: »Stock und Stein bricht mir das Bein, doch Worte können mir nichts schaden.« Diese Aussage, die mit größter Wahrscheinlichkeit von einem Gemeindelebenskünstler verfasst wurde, ist offensichtlich falsch, aber denken Sie daran – Sie müssen die Formulierung *richtig* gebrauchen.

Die Kunst des Tischgebets

Alvin Sampson, jener brillante Gemeindelebenskünstler, dem wir eben schon im Abschnitt über *Die Kunst der hilfrei-*

chen Traktate begegnet sind, entwickelte dieses Manöver als
Mittel, um Gruppen von Gästen, die er zu sich nach Hause
eingeladen hatte, völlig aus der Fassung zu bringen. Sampson trug das Essen mit freundlicher, rau-herzlicher Begeisterung auf und rief dann, nachdem er allen außer sich selbst
von allem etwas aufgetan hatte, fröhlich aus: »Wagt es ja
nicht, auf mich zu warten, ihr ausgehungerten Horden.
Haut rein, solange es heiß ist.«

Sobald dann die meisten der Gäste mindestens eine
Gabel voll Essen im Mund hatten, faltete er seine Hände,
neigte seinen Kopf und sagte in leisem, fast entschuldigen-
dem Ton: »Ich spreche immer gern ein kleines Tischgebet,
bevor ich anfange zu essen.«

Das allgemeine Klappern der auf die Teller sinkenden
Messer und Gabeln, berichtet Sampson, und das sanfte
Rascheln der Servietten, mit denen sich seine verlegenen
Gäste die Mundwinkel tupfen, während sie eilends ihren
Bissen herunterwürgen, sei Musik in seinen Ohren.

Unbequeme Fragen stellen

Es ist immer eine gute Vorgehensweise, sowohl Einzelne
als auch Gruppen mit Fragen aus dem Gleis zu bringen,
die schwierig oder unmöglich zu beantworten sind, nicht
zuletzt, weil Christen notorisch dazu neigen, dicht am Ab-
grund von Schuldgefühlen und Verwirrung zu schwanken.
In jedem Fall ist die Anwendung dieses Manövers ein be-
währtes Mittel der Kontrollausübung in den meisten Teilen der Kirche, das keineswegs nur von Gemeindelebenskünstler und -künstlerinnen eingesetzt wird. Allerdings ist

es während meiner Zeit in Great Malvern gelungen, manche dieser Fragen weiterzuentwickeln und zu verfeinern, einschließlich meines persönlichen Favoriten, den ich die 1. *Johannes-Knobelei* nenne.

Besonders nützlich ist diese bei begeisterten jungen Leuten. Feldstudien zeigen jedoch, dass sie auf jeden Menschen, bei dem sich Eifer mit mangelndem Selbstbewusstsein verbindet, ähnliche Wirkung haben wird, ungeachtet des Alters. Die Prozedur ist nicht schwierig, doch perfektes Timing ist entscheidend.

Nehmen wir zum Beispiel an, Ihr potenzieller Fassungsverlustkandidat ist ein junger Mann von etwa Mitte zwanzig, der eine wichtige Rolle in der Lobpreisband spielt[28] und auch für die Bedienung der gesamten Soundanlage in Ihrer Gemeinde zuständig ist. Solche jungen Männer (meist heißen sie Phil[29]) sind allgemein rund um die Gottesdienste ungemein beschäftigt damit, die Anlage zu kontrollieren,

---

28 Die Erwähnung der Lobpreisband erinnert mich an ein Manöver, das von Violet Banning aus Wigton in Cumbria erdacht wurde. Aus gewissen taktischen Gründen war Violet recht oft in der Gottesdienstleitung in einer großen Ex-Brüdergemeinde an dem nach Penrith weisenden Rande der Stadt involviert. Die Lobpreisband bestand aus zwei Sängern, einem Pianisten, einem Saxophonisten, einem Violinisten und zwei Gitarristen. Vier Sonntage nacheinander achtete Violet genau darauf, nach dem Ende der Predigt immer wieder dieselben Worte zu sagen:

»Nun ist es Zeit für unseren letzten Chorus. Darf ich die Musiker und die Gitarristen bitten, wieder ihre Plätze einzunehmen?«

Als sie diese Einladung zum fünften Mal aussprach, begann einer der Gitarristen an seinem Platz in der Reihe wütend herumzuschreien und musste schließlich mit sanfter Gewalt zur Ruhe gebracht und hinausgeführt werden. Wie mir berichtet wird, war Violets unschuldige Verwirrung von ausgesuchter Qualität.

29 Manchmal auch Pete.

die Mikrofone zu testen, Instrumente zu stimmen und Bild-
präsentationen vorzubereiten. Postieren Sie sich an einer
strategisch günstigen Stelle, zum Beispiel, indem Sie sich
an die Seite des Mischpults lehnen, und dann, in einem Moment, in dem Phil total auf die zu lösende Aufgabe konzentriert ist, fixieren Sie ihn mit feierlich prophetischem Blick
(*siehe Abbildung*) und sagen Sie in gelassenem, aber ein-
dringlichem Tonfall folgende Worte:

> »Phil, wie kannst du sicher sein, dass du Jesus Christus
> kennst?«

Wenn Ihr Timing und Ihr Tonfall stimmen, wird diese einfache Frage Phil völlig aus dem Gleis werfen. Abgelenkt von
der offensichtlichen Tatsache, dass seine unmittelbare Verantwortung gegenüber Gott in den momentan anliegenden
praktischen Aufgaben liegt, wird er hilflos herumzappeln, in
der Hoffnung, die richtige Antwort auf die Frage zu treffen.
Ignorieren Sie all diese unsicheren Versuche und sagen Sie
nur leise, während Sie sich zum Gehen abwenden:

»Lies das zweite Kapitel des ersten Johannesbriefes, Phil.«

Anspruchsvolle Gemeindelebenskünstler und -künstlerinnen werden sich vielleicht entschließen, diesen Abschnitt selbst zu lesen, aber es hat eigentlich nicht viel Sinn, das zu tun. Der Hauptzweck des Manövers ist mit hoher Wahrscheinlichkeit sowieso schon erreicht. Beunruhigt über seine Unfähigkeit, eine so simple Frage zu beantworten, wird Phil vermutlich seine Schieberegler mit so zitteriger Hand bedienen, dass von der Einleitung bis zum Schlussgebet alles darunter leidet.

Phils zappelnde Reaktion auf eine einfache Frage ist genau das, was wir mit allen unseren *Unbequemen Fragen* hervorrufen wollen. Erfreulicherweise gibt es in der Kirche genauso viele schwammige Gedanken, wie es schwammige Wörter gibt (siehe Abschnitt über *Die Kunst der schwammigen Wörter*). Viele davon lassen sich einsetzen, um Versammlungen jeglicher Größe und geistlichen Ausrichtung aus der Fassung zu bringen. Hier ist eine weitere Frage, die sich in der Vergangenheit als nützlich erwiesen hat, vor allem gegenüber Gruppen.[30]

Was nährt uns als Christen?

Ein vorzügliches Beispiel, weil es darauf so viele mögliche Antworten zu geben scheint. Leute werden dazu Gebet,

[30] Unnötig zu erwähnen, dass wir in diesem Abschnitt von *zielgerichteten* Fragen sprechen, also solchen, auf die nur eine Antwort zulässig ist und die darum in der Ausbildung junger Lehrer mit viel Missbilligung betrachtet werden.

Bibelstudium, Lobpreis, Gemeinschaft und Vergebung vorschlagen, um nur einige zu nennen. Nehmen Sie jeden Vorschlag mit jener Mischung aus leicht herablassender Akzeptanz und impliziter Ablehnung entgegen, die durchweg das Kennzeichen der schlechtesten Lehrer ist, die man je gekannt hat. Schließlich, wenn dann der ganzen Gruppe die kläglichen Fragen und der Dampf ausgegangen sind und alle kurz davor sind, es aufzugeben und zum Islam zu konvertieren, sagen Sie mit ruhiger, selbstbewusster, väterlicher Sicherheit, es sei eine gute Idee, herauszufinden, was der vierzehnte Vers des vierten Kapitels des Johannesevangeliums zu diesem Thema zu sagen habe.

Riesige Erleichterung allenthalben ob der Entdeckung, dass Christen genährt werden durch – nun, für die Zwecke dieses Abschnitts ist es völlig unerheblich, wie die Antwort auf die ursprüngliche Frage lautet. Sagen wir einfach, Sie werden in der Position sein, sozusagen ein Haus eingerissen und nach Ihrem eigenen Entwurf wieder aufgebaut zu haben.

Weitere empfehlenswerte Fragen sind:

Wer *ist* Jesus? *Wählen Sie Ihre eigene Lieblingsantwort aus und verscheuchen Sie alle anderen wie Mücken an einem heißen Sommerabend.*

Ist Erlösung wichtiger als Errettung? *Mit solchem Unsinn lassen sich Stunden vergeuden.*

Wenn Gott dich fragte, warum du an den Himmelspforten Einlass finden solltest, was würdest du sagen? *Hat eine wunderbar lähmende Wirkung.*

Wenn Jesus nach seiner Auferstehung die Wundmale der Kreuzigung an seinem Leib trug, was passiert dann mit Leuten, die bei Autounfällen völlig zermalmt wurden? *Gibt allen neues Leben und neue Kraft, die gerne Irrlichtern nachjagen.*

Was *ist* die Gemeinde? *Siehe Abschnitt über die Kunst, Tony Bennman zu sein.*

Die Kunst der Grußkarten ohne Unterschrift

In unserem Abschnitt über *Die Kunst der hilfreichen Traktate* haben wir bereits auf die Möglichkeiten hingewiesen, die sich denen bieten, die bereit sind, moderne Bürotechnik einzusetzen. Hier im Institut für Gemeindelebenskunst haben wir großen Gewinn aus der Weisheit unseres Gastdozenten Mostyn Deal aus Anglesey gezogen, der sich auf die Gestaltung und Herstellung von Grußkarten ohne Unterschrift spezialisiert (*jetzt auch käuflich zu erwerben beim Institut für Gemeindelebenskunst zum Preis von fünfzehn Pfund je Zehnerpackung, einschließlich Porto und Verpackung – bitte geben Sie*

das gewünschte Motiv an). Unser kostenloser Produktkatalog enthält eine vollständige Liste von Mostyns Motiven, doch drei Beispiele (*siehe Abbildung*) möchten wir unseren Mitgliedern besonders ans Herz legen.

a) Wir freuen uns auf den Besuch!

Dieses brillant ausgedachte Manöver ist bestimmt für jene christlichen Redner, die der Gemeindelebenskünstler für der konstruktiven Destabilisierung bedürftig hält. (Mark Williams aus Cardiff – siehe Abschnitt über *Aufrichtigkeit und Gemeindelebenskunst* – nennt sie lieber »diese Deppen, die so von sich eingenommen sind«, doch wie wir Mark schon früher erklären mussten, bedeutet die Tatsache, dass wir uns dafür engagieren, den Frieden und die Geborgenheit anderer zu unterminieren, keineswegs, dass wir uns zur Vulgarität herablassen müssten. Es ist ja immerhin die *christliche* Kirche, der wir eigentlich nicht angehören.)

Auf der Vorderseite der Karte steht die Aufschrift *Wir freuen uns auf den Besuch!* wahlweise in weißer oder goldener Schrift sowie eine Illustration im Cartoonstil, die fröhlich lächelnde Leute zeigt, die in Reihen sitzen und einem Redner applaudieren, der hinter einem Rednerpult auf der Bühne steht. Der gedruckte Innentext lautet:

> Viel Freude du uns bringest bald,
> Dafür unser Lob zum Himmel schallt!

Auf die handgeschriebene Nachricht auf der gegenüberliegenden Seite der Karte ist besonderes Augenmerk zu richten. Mostyn zitiert beispielhaft eine Nachricht, die er selbst dem bekannten Redner und Evangelisten zukommen ließ, der aus irgendeinem merkwürdigen Grund als »D Don« bekannt ist.

Hi Don! Nur ein paar Zeilen, um dir zu sagen, wie sehr wir uns alle darauf freuen, dass du am Neunzehnten bei uns sein wirst. Ich kann gar nicht glauben, dass es schon zwei Jahre her ist, seit wir die Veranstaltung geplant haben? Ich bin so froh, dass ich das Risiko eingegangen bin, nach all den Entmutigungen, die mir Du-weißt-schon-wer in den ersten Tagen in den Weg gelegt hat. Die Tickets verkaufen sich wie geschnittenes Brot – über vierhundert bei der letzten Zählung, und noch kein Ende in Sicht. Die Leute kommen aus Gemeinden überall in der Gegend. Manche Leute bei uns können einfach nicht glauben, dass ein so bekannter Redner wir du bereit ist, in unser kleines Nest zu kommen. »Ach, ihr kennt den Mann nicht«, sage ich ihnen dann, »aber denkt an meine Worte – am Neunzehnten werdet ihr ihn kennen lernen!« Beste Grüße an Beth und Joe und Karen, nicht zu vergessen die beiden Hunde[31] – schöne Erinnerungen, was?

W. N.

PS: Leider geht es Gillian nach wie vor schlecht, doch die Aussicht, dich in ihren letzten Tagen noch einmal wiederzusehen, hält sie tatsächlich noch für eine kleine Weile aufrecht.

31 Dies ist eine Inspiration auf Seiten Mostyns, der die Details einfach der umfangreichen, selbstbeweihräuchernden Website D Dons und aus seinen amüsanten und lehrreichen kleinen Geschichten über das Familienleben entnahm.

In Ermangelung irgendwelcher handfesten Informationen dazu kann man nur mit immensem und anhaltendem Vergnügen darüber spekulieren, welche Wirkung diese Mitteilung auf den gefeierten Redner gehabt haben muss.

Hatte er tatsächlich vor zwei Jahren eine Vereinbarung getroffen, am Neunzehnten irgendwo hinzukommen und zu sprechen? Was konnte da in seiner gut geölten Planungsmaschinerie so furchtbar schiefgelaufen sein? Hatte er diesen Termin zugesagt? Woher sollte er das wissen? Der Neunzehnte von was denn, um Himmels willen? Diesen Monat? Nächsten Monat? Übernächsten Monat? Und wer in aller Welt war W. N.? Er kannte keinen W. N. Und doch musste es jemand sein, den er kannte, weil er ja die Namen seiner Frau und seiner Kinder nannte und sogar von den Hunden wusste. Und wer war diese Gillian? Was war mit ihr los? Was für ein Albtraum! Über vierhundert Leute aus etlichen Gemeinden würden die Stuhlreihen füllen und voller Vorfreude darauf warten, »den Mann kennen zu lernen«, der sich so großmütig bereit erklärt hatte, in ihr kleines Nest zu kommen!

Mindestens drei oder vier Monate lang muss sich D Don den Kopf zerbrochen und verzweifelt versucht haben, einen W. N. aus seiner Vergangenheit heraufzubeschwören, während er voll Grauen auf den empörten, panischen Anruf wartete, der unausweichlich irgendwann zwischen neunzehn Uhr dreißig und zwanzig Uhr am Abend des Neunzehnten welchen Monats auch immer kommen musste.

Hach ja, lieber Gemeindelebenskünstler, liebe Gemeindelebenskünstlerin, wenn die Nacht dunkel ist, die letzte Flasche geleert, wenn rastlose Winde an den Dachrinnen rütteln und das Leben selbst wie ein leerer Trug erscheint, sind das die Gedanken, die den Geist niedergeschlagener Gemeindelebenskünstler und -künstlerinnen jederzeit wieder aufrichten können. Wir sind Mostyn Deal zutiefst dankbar für seine inspirierende Arbeit.

b. Die besten Wünsche zum Ruhestand

Diese herzerfrischend deprimierende Grußkartenkollektion wurde von Mostyn entwickelt, um an Leute verschickt zu werden, die Ende fünfzig oder Anfang sechzig sind, immer noch aktiv und begeistert im Dienst stehen und keine Pläne haben, sich in absehbarer Zukunft zur Ruhe zu setzen.

Besonders gefallen hat uns eine der Karten, die eine ergrauende, Hosenträger tragende, pilgerväterähnliche Gestalt[32] zeigt, die sich müde auf einer Hügelkuppe auf einen Stab stützt und sehnsuchtsvoll hinunter ins Tal blickt, wo sich eine von Gräbern umgebene kleine Dorfkirche befindet. Ein schmaler Sonnenstrahl durchdringt die dunklen, tief hängenden Wolken und taucht eines der Gräber in strahlendes Licht. Der Weg, der sich von dem Hügel, auf dem die Gestalt steht, hinunter ins Tal schlängelt, endet am Eingang zu dem Friedhof. Der Vers im Innern der Karte lautet:

Mag Leib sich beugen, Aug' sich trüben,
Schon bald sind wir am Ziel und drüben.

---

32 Weitere verfügbare Designs sind einsame weibliche Gestalten und geschmackvolle Darstellungen eines Mannes und einer Frau in gleichermaßen gebrechlichem und verfallenem Zustand.

Mostyn meint, hier sei nur eine kurze handschriftliche Nachricht vonnöten, und liefert als Beispiel die folgende Formulierung:

> Für meine lieben David und Belinda, die Ihr nun auf jene letzte Gerade einbiegt und müde, aber bereitwillig auf die Ziellinie zugeht. Aufrichtigen Dank für alles, was Ihr einst wart.
>
> W. N[33]

c. Nur eine kleine Erinnerung!

Diese Karte, ein weiterer brillanter Einfall von Mostyn, zeigt die schlichte Botschaft *Nur eine kleine Erinnerung!* in Form eines Hufeisens auf der Vorderseite, und in dem Bogen der Aufschrift zeigt eine Zeichnung einen Sektkorken, der gerade aus der Flasche fliegt. Die Innenseite der Karte ist leer, doch Mostyn schlägt eine handschriftliche Nachricht wie die unten zitierte vor. (Übrigens, der »Vaughn«, von dem hier die Rede ist, war Vaughn Day, ein internationaler Redner, der behauptete, für ihn sei Geld ein reines Werkzeug, jedoch, wie Mostyn es ausdrückte, ein begeisterter Handwerker war.)

> Vaughn, mein Lieber, nur eine kurze Zeile. Ich habe keine Rückmeldung von Dir gehört, aber ich gehe davon aus, dass Du meinen Brief bekommen hast; er kam ja als Einschreiben. Die Sache ist die – soviel ich weiß, gibt es ein Zeitlimit, was die Spende angeht; also solltest Du Dich baldmöglichst melden und Dir das Geld abholen.

---

33 Mostyn zeichnet immer mit »W. N.«, ohne je einen Grund für die Wahl ausgerechnet dieser Initialen zu nennen.

Wie gesagt, was die Summe angeht, könnte ich mich um plus/minus hunderttausend oder so vertan haben, aber das werden Dir alles die Anwälte sagen können. Ich schreibe Dir noch einmal den Namen und die Adresse der Kanzlei auf, falls Du sie verloren haben solltest. Melde Dich bald, Du alter Glückspilz! Bis dann!

W. N.

Darunter hat Mostyn tatsächlich etwas geschrieben, was wie ein Name und eine Adresse aussieht, aber was die Einzelheiten angeht, so ist die Schrift anscheinend durch feuchtes Wetter oder irgendeine verschüttete Flüssigkeit unleserlich geworden. Die einzige Information, die noch zu entziffern ist, ist der Name der Grafschaft Northumberland.

Als letzten, zwar kostspieligen, aber genialen Streich legt Mostyn eine *Postanweisung über fünfzig Pfund* bei und fügt folgende Notiz hinzu:

Ich hoffe, ich trete Dir damit nicht zu nahe, Vaughn, aber die ganze Fahrerei hinauf in den Norden und die vielen Telefonate und so können ja ziemlich ins Geld gehen, und da dachte ich mir, ich greife Dir ein bisschen unter die Arme, nur für den Fall, dass es im Moment ein bisschen eng ist. Du kannst es mir zurückgeben, wenn alles geregelt ist.

Mostyn schreibt:

»Wie das Herz des Dichters Wordsworth in besinnlichen Momenten erfüllt wurde mit Jubel und Tanz bei der Erinnerung an all jene wogenden Osterglocken, so gerne stelle ich mir vor, wie Vaughn Day (der ganz unten an der Südküste wohnt) fieberhaft versucht, jede Rechtsanwalts-kanzlei in der Grafschaft Northumberland ausfindig zu machen. Zunächst vielleicht per Telefon, dann aber un-vermeidlicherweise auch mit dem Auto. Er wird wohl in Newcastle anfangen, dann Gateshead, South Shields, Tynemouth, Morpeth, Ashington und schließlich hinaus nach Corbridge, Hexham und noch weiter nach Norden in noch entlegenere Teile jener riesigen Grafschaft (*siehe Abbildung*).

›Könnte ein Scherz sein‹, wird er zähneknirschend sagen, während er kreuz und quer durch die herrlich weitläufige Landschaft jagt. ›Könnte ein Irrtum sein. Könnte eine Ente sein. Aber fünfzig Pfund! Fünfzig Mäuse! Warum sollte jemand so etwas machen?‹

Eine unendlich wohltuende Vorstellung. In aller See-lenruhe genossene Erinnerung an große Gefühle. Besser kann man es nicht ausdrücken.«

Das Seltsamer-Fremder-Manöver

Morton Sayworth aus Henfield in Sussex schreibt uns, um uns daran zu erinnern, dass es durchaus möglich ist, nicht nur einen Einzelnen, sondern eine ganze Gruppe von Leuten erfolgreich aus der Fassung zu bringen. Sayworths *Seltsamer-Fremder-Manöver* ist äußerst einfallsreich. Hier ist in seinen eigenen Worten eine lebhafte Schilderung der letzten Gelegenheit, bei der er es einsetzte.

»Unser Hauskreis wurde ein bisschen zu fest zusammengefügt und zu realistisch für meinen Geschmack, und daher beschloss ich, den Schwung ein wenig zu bremsen, indem ich den anderen sagte, mir wäre sehr daran gelegen, einen Freund mitzubringen, der ein ›echter Sucher‹ sei. Die Mitglieder meines Hauskreises werden immer sehr eifrig und lebhaft, wenn der seltene Fall eintritt, dass ein ›echter Sucher‹ in Sicht kommt, und so haben sie mich sehr dazu ermutigt. Also brachte ich schon am nächsten Donnerstag meinen Freund[34] Tony Hyssop mit, der, wie die meisten vernünftigen Menschen, für ein paar Gläser indisches Cobra-Bier und eine ordentliche Portion Curry alles tun würde.

Ich hatte mich zuvor mit der Gruppe darüber ausgetauscht (bei uns wird nie etwas einfach nur gesagt, es wird immer alles ›ausgetauscht‹), dass Tony zwar ein sehr netter Kerl und ein echter Wahrheitssucher sei, doch

---

34 Siehe den Abschnitt über *Die Kunst des unanständigen Witzes* zu weiteren Überlegungen dazu, welchen Wert es hat, beim Streben nach Vortrefflichkeit bei gemeindelebenskünstlerischen Manövern bezahlte Außenseiter hinzuzuziehen.

ein kleines Problem habe. Er litt nämlich unter der chronischen Wahnvorstellung, ein Schwarm Bienen sei hinter ihm her. Dieses Problem, so erklärte ich, könne sich jederzeit und an jedem Ort manifestieren. Falls dies geschehen sollte, wäre ich dankbar, sagte ich, wenn die anderen Hauskreismitglieder sich dazu entschließen könnten, so zu reagieren, als benähme er sich vollkommen normal. Sie versicherten mir ernstlich, sie würden sich genauso verhalten, wie ich es erbeten hatte.

Der Besuch erwies sich aus meiner Sicht als großer Erfolg, wenn ich auch Tonys Neigung, es mit der Schauspielerei in solchen Situationen ein wenig zu übertreiben, vergessen oder ein wenig unterschätzt hatte. Kaum zwei Sekunden nachdem er das Wohnzimmer betreten hatte, krümmte er sich auf bizarre Weise, knickte in den Knien ein, schwenkte geschickt den Körper in eine und den Kopf in die andere Richtung, als ob sein Gesicht angegriffen würde. Als die anderen das sahen, nahmen sie eine etwas starre Haltung ein, doch in jeder anderen Hinsicht zeigten sie eine bewundernswerte Zurückhaltung.

Von diesem Augenblick an schien der ›echte Sucher‹ überall Bienen zu sehen. Gerade als wir mit dem Bibelstudium beginnen wollten, fiel er zum Beispiel plötzlich auf die Knie und fing an, mit einer zusammengerollten Zeitung in der Hand in Zeitlupe über den Teppich zu kriechen, seinen fiebernden Blick eindringlich auf einen äußerst sanftmütigen Mann namens Derek Stephens gerichtet, der ihm gegenübersaß.

Eins muss ich Derek lassen. Als er plötzlich mit einem zusammengerollten Exemplar der ›Baptist Times‹ ungestüm attackiert wurde, riss er sich so sehr zusammen, dass er nur mit hoher Fistelstimme sagte: ›Äh, danke! Vielen, vielen Dank, dass Sie sich um die äh – die Bienen kümmern! Sind – sind sie jetzt alle weg, oder sind vielleicht noch welche da ...?‹

Danach ging es nur noch um Bienen. An einer Stelle mussten wir drei Minuten lang schweigend dasitzen, während Tony uns drängte, ein Gespräch zwischen zwei Bienen zu belauschen, die im Kaminschlot saßen und Ränke gegen ihn schmiedeten. Wir konnten sie alle hören. Jedenfalls sagten wir das.

Tonys Glanzstück war dann wirklich spektakulär. Sobald er seinen Kaffee getrunken und seine Kekse aufgegessen hatte, beschlossen die Bienen offenbar, nicht mehr zu kleckern, sondern zu klotzen und jetzt erst richtig über ihn herzufallen. Nachdem er mehrere Male kreuz und quer durchs Zimmer gerannt war und dabei mit beiden Händen um sich geschlagen hatte, verschwand er in der Diele und war nun zu hören, wie er in einem Wahnsinnstempo die Treppe hinauf- und hinunterpolterte und in alle Zimmer hinein- und wieder herausstürmte. Als er schließlich ins Wohnzimmer zurückkehrte, packte er die Metallgriffe des alten Fallfensters, zerrte es auf und kletterte ins Freie, um laut schreiend in der Nacht zu verschwinden. ›Die Bienen! Oh, die Bienen! Welches Unglück, welches Elend![35] Die Bienen kommen! Rette mich doch jemand vor den Bienen!‹

---

[35] Sayworth sagt, er habe Tony Hyssop in der Vergangenheit gelegentlich ermahnen müssen, seine Darbietungen nicht mit absurden archaischen Phrasen aus Kurzgeschichten von Edgar Allan Poe zu würzen. Die Atmosphäre, die wir schaffen wollen, sollte mehr »Akte X« als »Hammer-Horror« sein.

Später nippte Tony in einem etwas weiter entfernt gelegenen indischen Restaurant an seinem zweiten Glas Cobra und erkundigte sich, ob sein Besuch den von mir erhofften Effekt gehabt habe.

›Oh ja‹, erwiderte ich, ›du hast uns vermutlich Gesprächsstoff für eine ganze Weile geliefert. Die anderen Teilnehmer konnten gar nicht genug von dir, äh – schwärmen.«

›Aua.‹

›Schon gut. Noch ein Cobra?‹«

Die Kunst der unanständigen Witze

Wir werden oft um Hinweise zur korrekten gemeindekünstlerischen Taktik angesichts von unanständigen Witzen gefragt, die von Leuten in oder aus der Gemeinde erzählt werden. Bei der Antwort kommt es sehr auf die Frage der Definition an. Als Gemeindelebenskünstler und -künstlerinnen sollten wir die moralische Bewertung von Witzen diktieren, nicht die Urteile anderer übernehmen. C. Telfor, früher aus Glasgow, jetzt aus der Gemeinde ausgeschlossen (siehe auch *Das Notizbuchmanöver*), ist ein Experte auf diesem Gebiet und hat wertvolle Ratschläge und Erkenntnisse dazu.

»Es gibt Gelegenheiten, bei denen es viel ergiebiger ist, auf einen vollkommen sauberen und anständigen Witz so zu reagieren, als wäre er außerordentlich widerwärtig oder lästerlich. Ich erinnere mich zum Beispiel an ein Gemeindefest, bei dem ein netter, schmächtiger und äußerst nerviger Mann namens Maxwell K. Thornton

sagte, er würde mir gerne einen Witz über einen Hasen, einen Pilz und ein paar Blütenelfen erzählen.

Wie üblich leitete ich mein Manöver ein, indem ich mir den Anschein toleranter, spielerischer Erwartung gab (*siehe Abbildung*), nach etwa dreißig Sekunden gefolgt vom Einsatz meiner patentierten *Gefrierendes-Lächeln*-Technik, die ich in vielen Stunden intensiven Übens vor dem Spiegel zu Hause vervollkommnet habe (*siehe Abbildungen zu den einzelnen Gefrierstufen*). Als Thornton sich schließlich dem Ende seiner jämmerlichen, aber harmlosen kleinen Geschichte näherte, blieb ich vollkommen reglos sitzen und starrte ihn mit ganz und gar ausdrucksloser Miene an. Diese Positur behielt ich während der Pointe und danach schweigend bei.

Thornton lief rosa an und wurde immer nervöser, vielleicht in der Annahme, Blütenelfen oder Hasen oder Pilze oder eine unheilige Mischung aus allen dreien hätte irgendetwas unvermutet Obszönes oder Okkultes an sich. Möglicherweise fragte er sich, ob mein Vater oder irgendein anderer naher Angehöriger vielleicht an einem Hasenknochen erstickt war oder einen Zusammenbruch erlitten hatte, nachdem ein paar bigotte Fanatiker aus der Nachbarschaft ihn als ›Elfe!‹ verhöhnt hatten, während er durch die Straßen unserer Stadt ging.

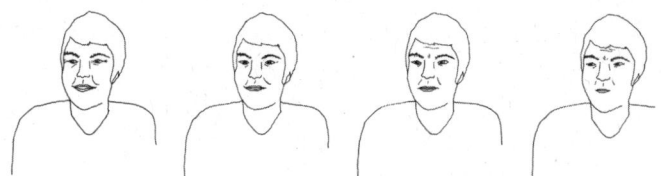

Schließlich stand ich einfach auf und ging ohne ein Wort weg. Zwei Tage später bekam ich einen Brief von Thornton, in dem er sich für sein Benehmen auf dem Fest entschuldigte. Natürlich vergab ich ihm von Herzen und war von diesem Tag an äußerst freundlich und zuvorkommend, wann immer ich mit ihm zu tun hatte.

Umgekehrt gibt es Situationen, in denen die korrekte Taktik darin besteht, diejenigen aus der Fassung zu bringen, die ihre Missbilligung eines tatsächlich widerwärtigen Witzes ausdrücken. Einmal gab ich einem abscheulichen Bekannten von mir namens Frank Billings zwanzig Pfund dafür, zu einer Gemeindeveranstaltung zu kommen, so zu tun, als kenne er niemanden (vor allem nicht mich), und eine grauenhafte Geschichte über General Custer, eine Makrele und einen Haufen Indianer zu erzählen. Wie erwartet stieß der Witz bei drei oder vier der Anwesenden auf sowohl verkniffene als auch offene Missbilligung. Ich dagegen lachte in einer Art, als wollte ich sagen: ›Was macht das schon, solange wir das Evangelium predigen?‹, legte meinen Arm um Franks Schultern und sagte: ›Keine Sorge, mein Lieber, nicht alle hier urteilen über einen Mann nur aufgrund von ein paar albernen Worten, die aus seinem Mund kommen. Ich finde, der Witz war wirklich lustig, was immer er auch sonst noch gewesen sein mag. Kommen Sie, machen wir draußen einen kleinen Spaziergang, dann können Sie mir erzählen, was sich in Ihrem Leben so tut.‹

Am nächsten Sonntag bezahlte ich Billings noch einmal zwanzig Pfund dafür, sich aus dem Bett zu wälzen, damit er mit in die Kirche kommen und sich neben mich setzen könnte, eine Miene angerührter Verletzlichkeit und wachen Interesses an allem Dargebotenen auf dem Gesicht. Nach dem Gottesdienst war ich ausgesucht und betont freundlich zu denen, die den Makrelenwitz missbilligt hatten, und fragte sie sogar demonstrativ nach Tipps zur persönlichen Evangelisation, da ich nicht sicher sei, ›bei Billings alles richtig gemacht‹ zu haben. Sie richteten reumütig ihre Blicke zu Boden und sagten nicht viel.«

Das Hattersley-Schüttelmanöver

Dieses Manöver, nützlich für Planungsbesprechungen, Kirchenvorstandssitzungen und andere Versammlungen, bei denen ernsthafte Debatten geführt werden, ist einer speziellen Taktik des ehemaligen Kabinettsministers von der Labourpartei, Roy Hattersley, nachempfunden, der sich zwar selbst als Atheist bezeichnet, jedoch, da sind wir uns sicherlich alle einig, einen hervorragenden Gemeindelebenskünstler abgeben würde.

Hattersleys eindrucksvollste Anwendung der *Kunst des Aus-der-Fassung-Bringens* findet immer dann statt, wenn er bereits seinen (meist umfangreichen) Diskussionsbeitrag vorgetragen hat und von da an durch die Regeln der Debatte daran gebunden ist, zumindest so zu tun, als höre er dem Gegenargument eines anderen Redners zu. Das Problem, das er so clever gelöst hat, besteht in der Frage, wie er aktiv an der Debatte beteiligt bleiben kann, obwohl ihm nichts mehr zu sagen erlaubt ist. In einem Moment, wenn sein Gegner gerade ein Argument vorgetragen hat (irgendein beliebiges Argument ist dafür geeignet), fängt er vor lautlosem, aber anscheinend unbezwingbarem Gelächter an zu beben und sich zu schütteln, als hätte die andere Person etwas so lächerlich Dummes gesagt, dass es mehr als Belustigung denn als ernsthaftes Argument aufgefasst werden müsste.

Wie hinderlich es ist, jemanden wie Hattersley neben sich zu haben, der sich vor rundlicher Heiterkeit schüttelt, während man versucht, etwas zu sagen, wovon man wirklich überzeugt ist, sollte nicht unterschätzt werden. Wir Gemeindelebenskünstler und -künstlerinnen mögen nicht über den Körperbau des »Tory-Schlächters« verfügen, aber wir können sein Manöver mit ebenso großem Erfolg anwenden.

Die Kunst, Tony Bennman zu sein

Auf dem Boden des Labour-Stalles lässt sich noch weiteres nützliches Material aufsammeln. Dieses Manöver ist ganz einfach. Legen Sie das Wesen einer Ansicht dar, die von allen maßgeblichen Leuten vertreten wird, und sprechen Sie sich dann mit Leidenschaft für das genaue Gegenteil aus. Das ist immer gut für einen kräftigen Applaus in einer öffentlichen Debatte und ein »Amen!«, ein »Preist den

Herrn!« oder eine Auswahl bedächtig nickender Köpfe in Kirchenkreisen.

Durham Steadman bietet ein wahrhaft vorzügliches Beispiel für *Die Kunst, Tony Bennman zu sein*, das er selbst im Kontext eines zur Saint Mary's Church in Framlingham gehörigen Hauskreises durchführte.

HAUSKREISLEITER: (*abschließend zum vorher Gesagten*) Allerdings gibt es auch Bereiche, über die wir uns immer hundertprozentig einig sein werden. Zum Beispiel stehen wir unverrückbar auf der ewigen Wahrheit, dass die Kirche nicht ein merkwürdiges Gebäude ist, das gleich um die Ecke hinter Aldi steht, sondern eine Schar von Gläubigen, die zusammenkommen, um Gott anzubeten.

STEADMAN: (*energisch und mit dem Tonfall eines Mannes, der einfach nicht länger schweigen kann*) Darf ich dazu mal etwas sagen? Du hast jetzt schon ein paar clevere Bemerkungen über ein merkwürdiges Gebäude gleich um die Ecke hinter dem Supermarkt gemacht. Das ist ja alles sehr unterhaltsam und so, aber weißt du, für eine Menge ganz gewöhnlicher Leute, und dazu zähle ich mich auch selber, ist dieses »merkwürdige« Gebäude, wie du es spöttisch nennst, in Wirklichkeit ein fest gegründetes Symbol des Glaubens in unserer Stadt. Geh doch mal hinunter zu deinem Supermarkt und frag einfach mal die Leute, die da einkaufen, wo ihrer Meinung nach die Kirche ist. Die werden dir genau sagen, wo sie ist. Wenn du mich fragst, sollten wir dafür sorgen, dass die »Kirche« da oben in der Kirche stattfindet, wenn du verstehst, was ich meine. Ich weiß nicht, wie die anderen darüber denken, aber ich bin der Meinung, dass theologische Spitzfindigkeiten hin und wieder Platz für praktisches Christentum machen müssen.[36]

Das Herablassende-Patricia-Manöver

Dieses Manöver basiert auf einer weiteren reichhaltigen Quelle von Material für die engagierte Gemeindelebenskünstlerin, nämlich die Abgeordnete Patricia Hewitt, Angehörige der Labourpartei, Mitglied des Parlaments für den Wahlkreis Leicester West und ehemals Gesundheitsministerin. Miss Hewitt redet mit Einzelnen und Gruppen gleichermaßen so, als wäre sie die stellvertretende Direktorin einer kleinen Privatschule, die der Klasse 4b eine Standpauke hält, weil diese nicht nur ihren Eltern und ihr als Lehrerin eine große Enttäuschung bereitet, sondern vor allem auch sich selbst einen schlechten Dienst erwiesen hat, indem sie vom Fenster des Schulbusses aus die Passanten mit ungehobelten Gesten traktierte. Hewitts enervierend langsame, einen Pfahl in die Erde rammende Redeweise ist so unsagbar herablassend und jedem Argument unzugänglich, dass den Zuhörern nur staunende, ohnmächtig wütende Fassungslosigkeit darüber bleibt, dass jemand so mit einem anderen Menschen reden kann.

Uns ist klar, dass Studenten und Mitglieder an dieser Stelle vielleicht einwenden werden, dass ein so holzhammerartiges Manöver nicht zu dem ernsthaften Geschäft der

36 Erstaunlicherweise blieb das logische Vakuum in dieser albernen Äußerung völlig unbemerkt.

Gemeindelebenskunst passt. Wir verstehen diese Sorge, doch erinnern wir uns bitte an das Rätsel der ehemaligen Premierministerin Margaret Thatcher. Obwohl ihr Redestil Hewitt hoch zehn war, gelang es Mrs. Thatcher, über einen erstaunlich langen Zeitraum hinweg an ihrer führenden Stellung festzuhalten. Woran lag das? Wir meinen, zu einem großen Teil daran, dass eine große Mehrheit der Bevölkerung immer dann, wenn sie sprach, die Stimme ihrer Grundschuldirektorin zu hören glaubte. So nahmen sie automatisch und widerstandslos an, dass diese Frau, so unangenehm jede weitere Bekanntschaft mit ihr zweifellos sein würde, sich gewiss am Ende als im Recht erweisen würde.

Viele Kirchengemeinden und christliche Gruppen sind ebenso angreifbar für die Stimme selbstbewusster Gewissheit, wie grausig sich diese Stimme auch anhören mag, und deshalb legen wir Ihnen dieses Manöver trotz allem ans Herz.

Zur Unterstützung unserer Empfehlung können wir berichten, dass June Osborne vom Swissgate Christian Centre in Eastbourne einmal während eines Ausflugs zu einer Theaterveranstaltung in London vorne im Minibus der Gemeinde aufstand und dem stellvertretenden Bürgermeister von Eastbourne eine ordentliche Standpauke hielt, weil er seine belegten Brote vor allen anderen auspackte. Der Mann lief puterrot an, packte sein Picknick hastig wieder ein und wagte es kaum wieder aufzuschauen, ehe eine halbe Stunde später June forsch verkündete, *jetzt* sei es für alle Zeit zu essen. Müssen wir noch mehr sagen? Nehmen Sie die Kontrolle an sich. Versuchen Sie dieses Manöver.

Fünfzehnter Teil

Die hohe Kunst, ein fröhlicher Geber zu sein

Es ist natürlich ein ungeschriebenes Prinzip der Gemeindelebenskunst, dass Gemeindelebenskünstler und -künstlerin-
nen niemals Zeit, Geld oder Aufmerksamkeit verschenken,
ohne dass es einen klaren taktischen Grund dafür gibt. Wir
wollen auch nicht der Dummheit jenes berüchtigten Schot-
ten nacheifern, der Millionen verschenkte, um seinen Geiz
zu verheimlichen. Andererseits ist es unumgänglich, dass
wir den Anschein erwecken, als flössen wir über vom Geist
der Großzügigkeit. Niemand hat auf diesem Gebiet heraus-
ragendere Arbeit geleistet als Gilbert Payne, einst in Ruislip
versauernd, heute bestens etabliert in der New Life Fellowship in Streatham, wo er den jungen Leuten der Gemeinde
als strahlendes Beispiel der Großzügigkeit und guten Haus-
halterschaft vor Augen gestellt wird. Das ist eine bemerkenswerte Leistung eines der geizigsten, knauserigsten und
selbstsüchtigsten Menschen, denen ich je begegnet bin. Aus
diesem Grunde lohnt es sich sehr, seine Manöver eingehend
zu studieren.

Die Kunst, sich keinen Urlaub zu gönnen

Gilberts Vorstellung von einem guten Urlaub hat sich in den
letzten zwanzig Jahren nicht im Geringsten verändert. Wie
er selbst es ausdrückt: »Setzt mich unter einen Sonnen-

schirm am Pool in einem sonnigen Land, mit einem großen Gin Tonic in der einen Hand und einer dicken Anthologie Detektivgeschichten über Verbrechen, die in verschlossenen Räumen stattfinden, in der anderen, und ich bin schon zufrieden. Wenn mich dann noch jeden Abend ein Vier-Gänge-Menü und ein voll klimatisiertes Zimmer in einem Fünfsternehotel erwarten, bleiben für den kleinen Gilbert vierzehn Tage lang keine Wünsche mehr offen.«

Wenn er in seinen ersten paar Jahren in Streatham von Mitgliedern seiner Gemeinde gefragt wurde, wohin er denn während der Urlaubszeit so geheimnisvoll verschwunden sei, schien Gilbert sich anfangs schüchtern um eine Antwort herumdrücken zu wollen. Auf hartnäckiges Nachfragen jedoch (Gilbert Payne konnte andere Leute geschickter und unauffälliger dazu provozieren und manipulieren, »hartnäckig nachzufragen«, als jeder andere Gemeindelebenskünstler, dem ich je begegnet bin), antwortete er schließlich stockend:

»Ach weißt du, wenn du es unbedingt wissen willst, da ist so eine Projektsache in der Nähe von Ruislip, wo ich früher gewohnt habe. Da wird Jungs und Mädels, die aus dem einen oder anderen Grund Pech gehabt haben, ein bisschen unter die Arme gegriffen, weißt du. Ich habe keine Ahnung von Urlaub und so, aber ich weiß, die Mannschaft da unten kann immer jemanden gebrauchen, der Zeit und Kraft übrig hat und ein bisschen mit zupackt, und da – nun ja ...«

An dieser Stelle scharrte Gilbert mit der Schuhspitze rau auf dem Pflaster herum und starrte in heftiger Verlegenheit in die Ferne, bevor er fortfuhr.

»Ganz ehrlich, was ich in vierzehn Tagen für die Leute da tun kann, ist nichts – gar nichts.«

Damit sagte er buchstäblich die Wahrheit. Er tat während seines vierzehntägigen Urlaubs wirklich gar nichts für die Leute da. Es gab tatsächlich eine solche Hilfseinrichtung neben der Heilsarmeestation in der Denham Road nahe dem Bahnhof von Ruislip, und die Summe dessen, was Gilbert zu deren Arbeit jemals beigetragen hatte, war in der Tat genau null. Er war niemals dort gewesen. Beeindruckt von Gilberts aufopferungsvollem Einsatz seiner Freizeit, bestanden einige Gemeindeglieder darauf, etwas für »das Werk« zu spenden. Gilbert lehnte immer erst zweimal ab, bevor er eine Spende entgegennahm, dem Geber mit ernster Miene dankte und ihm versprach, dass jeder Penny eingesetzt werden würde, um Essen, Getränke und nützliche Literatur zu beschaffen, wo diese Güter am dringendsten gebraucht und am meisten geschätzt würden. Er stand zu seinem Wort. Eine ständige Versorgung mit Gin Tonic, Vier-Gänge-Menüs und Kriminalromanen kostet keine Kleinigkeit.

Die Kunst, für eine gute Sache zu spenden

Vorbereitung ist alles. Wann immer Gilbert Payne wusste, dass in der Gemeinde wahrscheinlich für irgendeine Sache gesammelt werden würde, leerte er die Schüssel, in der er eben für solche Fälle Kupfergeld sammelte, aus und füllte sich beide Hosentaschen mit dem Inhalt, angereichert mit ein paar verstreuten Silbermünzen, mindestens zwei zerknitterten Fünf-Pfund-Scheinen und ein paar schwer zu erkennenden Papierfetzen mit roten und grünen oder blauen Farbtupfern (die Payne zuvor mit Wachsmalkreiden aufge-

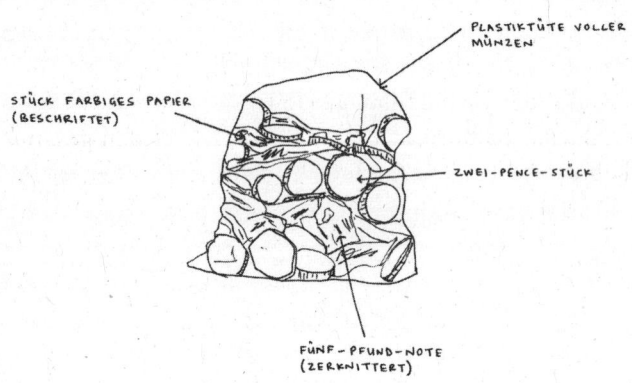

PLASTIKTÜTE VOLLER
MÜNZEN

STÜCK FARBIGES PAPIER
(BESCHRIFTET)

ZWEI-PENCE-STÜCK

FÜNF-PFUND-NOTE
(ZERKNITTERT)

tragen hatte), die man für Geldscheine hätte halten können, was sie aber natürlich nicht waren.[37]

Ich war persönlich einmal Zeuge, wie Payne diese Masche in seiner Gemeinde in Streatham durchführte. Es war ein Sonntag, an dem sich der ganze Gottesdienst um die Hilfe für obdachlose Kinder in Lateinamerika drehte. Am Ende des Gottesdienstes ging Payne auf zwei Leute am Eingang zu, die Sammelbüchsen in der Hand hielten, holte eine Hand voll Kleingeld aus der Tasche und fing an, mit einem Finger darin herumzustochern, als überlege er, wie viel er geben wolle. Dann sagte er mit einem wehmütigen Lächeln und einem leichten Kopfschütteln (beides meister-

37 Unter einiger Überredung von solchen unter uns, deren Kenntnis belastender Informationen nur von unserem starken Geist bedingter Diskretion überflügelt wird, hat sich Gilbert Payne freundlicherweise bereit erklärt, uns die vollen Vermarktungsrechte für dieses Manöver zu überlassen. Daher können wir unseren Lesern jetzt speziell präparierte Päckchen mit Münzen und Banknoten anbieten, die bei Sammlungen dieser Art verwendet werden können (*erhältlich beim Institut für Gemeindelebenskunst zum Preis von fünfzehn Pfund einschließlich Porto und Verpackung – siehe Abbildung*).

haft ausgeführt): »Lieber Himmel, es ist doch für die Kinder. Also los – am besten gebe ich euch gleich alles.«

Nachdem er dann seine ganze Hand voll Kleingeld in die eine Büchse hatte rieseln lassen, entleerte er den gesamten Inhalt seiner beiden Taschen in die andere. Das hallende Rasseln der Münzen und das Rascheln, das von mehreren Geldscheinen zu stammen schein, war wirklich beeindruckend. Es gab keinen Zweifel. Diejenigen, die diskret gefaltete Schecks für die zehnfache Summe dessen, was Payne gegeben hatte, in die Büchsen gesteckt oder sich zu monatlichen Zahlungen von zwanzig Pfund für die nächsten fünfzehn Jahre verpflichtet hatten, erschienen im Vergleich zu ihm jämmerlich geizig und pfennigfuchserisch.

Die Lektion, die wir von Gilbert Payne bei diesem Manöver lernen, ist klar. Geben Sie alles, was Sie haben, mit sichtbar verschwenderischer Großzügigkeit, aber sorgen Sie dafür, dass Sie nur ein kleines bisschen von dem, was Sie haben, bei sich tragen.[38]

Eine kleine Investition für einen bedeutenden Ertrag.

Es ist erwähnenswert, dass Payne auf diesem Gebiet bereits eine enorme Wirkung erzielt hatte, als er eines Tages unter Protest eine Hungermahlzeit verließ, die von der Gemeinde organisiert worden war, um Spenden für Projekte in der Dritten Welt zu sammeln. Die Mahlzeit selbst bestand aus einer dünnen Gemüsesuppe und einem ziemlich langweiligen Brötchen. Payne nahm einen Löffel von der geschmacklosen Suppe zu sich, ließ dann den Löffel schep-

---

38 Wer kann wissen, ob die Witwe, die im Neuen Testament ihr Scherflein gab, nicht zu Hause in Scherflein schwamm, aber klugerweise beschlossen hatte, nur eines davon mitzubringen. Eine frühe Gemeindelebenskünstlerin?

pernd auf den Tisch fallen, stand auf und sprach in einem Tonfall, der den tiefen emotionalen Schmerz, den er empfand, ahnen ließ, zu den Versammelten.

»Allmählich macht mich all dieses Essen und Trinken krank«, rief er. »Das hier ist keine Hungermahlzeit, das ist ein Festessen. Ich sehe innerlich reihenweise anklagende, hungrige Augen und vor Hunger geschwollener Bäuche vor mir. Ich kann hier keinen Bissen mehr essen.«

Sodann schritt Payne mit stiller, verletzter Würde aus dem Saal, doch die hungrigen Augen und die vor Hunger geschwollenen Bäuche hatten offensichtlich ihre anklagende Wirkung bereits verloren, als er einen anderen Ort erreichte. Nachdem er sich eine halbe Stunde später gemütlich am Kamin in der Salonbar des »Gardener's Arms« draußen in Cawston Brook niedergelassen hatte, machte er sich mit ungetrübter Begeisterung über eine Steakpastete, eine halbe Flasche Rotwein und anschließend eine Schüssel Apfel-Himbeer-Crumble in einem regelrechten See von Vanillesoße her.

Das Gemeindepicknickmanöver

Niemand hier im Institut für Gemeindelebenskunst würde die offenkundige Wahrheit bestreiten wollen, dass Gemeindepicknicks eine gruselige Angelegenheit sind, bis zur Übelkeit vollgestopft mit öligem Gemeinschaftsgetue und schlaff entspannter Bonhomie. Angesichts dieses offenen Eingeständnisses ist es gut, anhand des Werks von Experten wie Gilbert Payne zu entdecken, dass ein fähiger Gemeindelebenskünstler selbst aus einer solchen Situation noch Nutzen ziehen kann. Immer noch unter dem Thema der öffentlich sichtbaren Großzügigkeit tun Studenten gut daran, sein Manöver auf diesem Gebiet zu studieren, nachzuahmen und an ihre Bedürfnisse anzupassen.

Payne kam zu Gemeindepicknicks bewusst ein wenig später und brachte eine große, uralte, vergammelt aussehende Leinentasche mit. Mit hinten aus der Hose hängendem Hemd, rot im Gesicht und schnaufend von der Anstrengung des langen Fußweges von seinem Haus bis zum Treffpunkt, obwohl er eigentlich ein tadelloses Auto besaß, winkte er allen mit gut dosiertem, flehentlichem Wohlwollen zu und wehrte alle Erkundigungen, warum er nicht gefahren sei oder jemanden angerufen habe, der ihn hätte mitnehmen können, ab, indem er sagte: »Ach danke, nein, es sind doch nur ein paar Schritte.«

Dann ließ er sich mit liebenswert verlegener Geste aufs Gras herabsacken und packte seinen Beitrag zu dem Picknick aus. Dieser bestand jedes Mal aus haufenweise zerbröckelnder Kuchen und Kekse und Brötchen verschiedenster Form und Größe, unappetitlich zusammengepfercht in einem Satz antiker Keksdosen, die bereits den ersten Altersrost angesetzt hatten. Dann machte Payne die Runde durch die ganze Picknickgesellschaft, bestand mit großer Begeisterung und rührend kläglicher Fröhlichkeit, jeder möge sich doch nach Herzenslust bedienen, und sagte Dinge wie: »Kommt schon, bedient euch an meiner Mampfe.[39] Nehmt gleich zwei oder drei, es muss alles weg.«

---

39 Mampfe? Was hat der unbekümmerte Gebrauch von Ausdrücken, die seit 1949, als Schuljungen sie verwendeten, längst in Vergessenheit geraten sind, eigentlich an sich, das uns so sehr auf die Nerven geht?

Und es musste in der Tat alles weg. So bald wie möglich. Paynes scheußlicher Fraß war das überalterte Zeug, das er am späten Freitagabend, zwei Tage zuvor, dem Bäcker für lau abgeschwatzt hatte. Es war grauenhaft altbacken und zerkrümelte einem in der Hand, sobald man es anfasste. Einmal entdeckte ein Kind einen Rüsselkäfer dazwischen.

Natürlich taten alle so, als wären sie dankbar, versteckten ihre Krümel unter ihren Decken und in ihren Taschen oder gruben kleine Löcher in die Erde, um sie darin zu versenken, und boten Payne im Gegenzug alle möglichen wirklich leckeren Sachen wie Wein und Obst und frisch zubereitete Sandwiches an.[40]

Bemerkenswerterweise schaffte es Payne, obwohl er die Sachen von allen anderen aß und trank, als der großzügige Spender des Festmahls dazustehen, und das alles ohne einen Penny auszugeben.

Gemeindelebenskunst in ihrer reinsten Form.

---

[40] Gilbert Paynes Fähigkeit, sich kostenlose Mahlzeiten und Einladungen zum Essen zu verschaffen, ist in Gemeindelebenskünstlerkreisen legendär. Eines seiner bevorzugten und und ergiebigsten Manöver war es, vernehmlich von »uns armen alten Singles« zu sprechen, »die von Dosenbohnen und einer Scheibe Toast leben«. Nur wenige wussten, dass Payne gleich neben seiner Schwester wohnte, einer sehr versierten Köchin, die regelmäßig all ihre besten Rezepte an ihrem Bruder testete.

Sechzehnter Teil

Leserfragen, ausgewählt, bearbeitet und beantwortet von Professor Peter Caws

Die beständigen Bitten seitens unserer Studenten und Mitglieder haben mich davon überzeugt, dass von diesem Jahr an in jedem Jahresbericht ein Frage-und-Antwort-Teil enthalten sein sollte. Fragen für diesen Abschnitt für den Bericht des nächsten Jahres senden Sie bitte an mich, Professor Peter Caws, im Institut für Gemeindelebenskunst, Broad Road, Great Malvern, WD 40. Ich werde jedes Jahr die repräsentativsten dieser Fragen auswählen und versuchen, konstruktive Antworten darauf zu geben.

Lieber Professor Caws,
ich bin zu einer Gruppe reisender christlicher Redner gestoßen, die jedes Jahr zwei oder drei Mal miteinander wegfahren, um »*einander mit Gebet und Unterstützung für den Dienst, in dem wir alle gemeinsam stehen, zu helfen*«. Natürlich habe ich trotz meines vollen Kalenders mit Predigtterminen keinen Dienst im eigentlichen Sinne, aber das ausgiebige Essen und Trinken ist immer ein Vergnügen, und – seien wir ehrlich – diese Evangelisten und Redner mögen vielleicht keine akkreditierten Gemeindelebenskünstler sein, aber wir können eine Menge von ihnen lernen. Mein Problem ist Folgendes. Ein Element des Abends und Vormittags, die wir zusammen verbringen, ist die Möglichkeit, tiefe persönliche Bedürfnisse zu äußern und die anderen Mitglieder der Gruppe für die-

sen Bereich beten zu lassen. Natürlich kommt es nicht infrage, dass ich irgendetwas wirklich Wichtiges mitteile, aber wie gehe ich mit dieser trostlosen und, offen gesagt, sinnlosen Unterbrechung des Essens und Trinkens um?

Ein Verwirrter aus Caterham

Lieber Verwirrter,
lassen Sie mich Ihnen zunächst einmal versichern, dass Sie bestimmt nicht das einzige Mitglied jener kleinen Versammlung sind, das darauf verzichtet, sich über echte persönliche Probleme auszutauschen. Es ist typisch für solche Gruppen, dass eine Menge heiße Luft (schließlich sind es ja Evangelisten) darum gemacht wird, wie ach so offen und ehrlich doch jeder davon spricht, was sich in seinem Privatleben abspielt. Dabei tut das in Wirklichkeit fast keiner. Man kann Vertraulichkeit nicht vorschreiben – eine Tatsache, die durchaus das Ende der evangelikalen Gemeinden sein könnte, falls sie sich je allgemein herumspräche. Freilich sind manche geschickter darin, Vertraulichkeit vorzutäuschen, als andere.

Ich gehörte früher einmal zu einer ähnlichen Gruppe namens **TRAUERKLOSS**, was ein erfreulich unhandliches Akronym für »**T**rotz **R**echtgläubigkeit, **A**nstand **U**nd **E**insatz fürs **R**eich **K**önnen **L**aienprediger **O**ft **S**aftig **S**ündigen« sein sollte. Aus rein taktischen Gründen habe ich die **TRAUERKLÖSSE** sogar einige Jahre lang geleitet und stand deshalb über einen ziemlich langen Zeitraum hinweg alle vier Monate vor dem Problem, das Sie schildern. Hier ist mein Rat für Sie. Das Geheimnis ist, a) sich ein persönliches Dilemma einfallen zu lassen, das Sie in einem guten Licht dastehen lässt, wie auch immer es aufgelöst wird, doch wichtiger noch, b) das Dilemma auf so qualvolle Weise zu schildern, dass die geistlichen Geier, die zweifellos schon auf dem nächsten Ast hocken oder rastlos über Ihnen kreisen, besänftigt werden.

Ich erinnere mich zum Beispiel an einen Nachmittag mit den **TRAUERKLÖSSEN**, bei dem ich (mit einem, wenn ich selbst das sagen darf, wunderbar dosierten Beben in der Stimme) bekannte, ich sei hin- und hergerissen, ob ich einen Teil meines Vermögens für internationale Hilfe spenden oder das Geld lieber einer Auswahl von örtlichen Hilfsorganisationen in meiner eigenen Stadt geben sollte. Was für ein Dilemma! Ich erklärte den anderen in der Gruppe, ich hätte während der letzten Woche nicht einmal schlafen können, weil ich so sehr mit der wachsenden Überzeugung zu ringen hatte, der Herr rufe mich dazu auf, Geld für andere Länder zu spenden und nicht den Bedürftigen in meiner Stadt, die ich liebte.

»Es fällt mir so schwer«, erklärte ich zerknirscht, »mich zum Gehorsam durchzuringen, anstatt wie üblich einfach zu tun, was ich will. Es dreht sich alles um mich, fürchte ich. Pure Selbstsucht. Ich möchte gerne gut sein, aber – also, ihr wisst ja, wovon ich rede, oder?«

Oh, das taten sie, und ob sie das taten, und sie hatten tiefstes Mitgefühl mit meiner verzweifelten, schmerzlichen Lage. Nach ein paar leisen, respektvollen Fragen beteten sie für mich, bis die Bereitschaft zum Gehorsam in mir wuchs, und so sagte ich denn auch am Donnerstagnachmittag der folgenden Woche zu der Dame bei Oxfam, wo ich ein Geburtstagsgeschenk für meine Mutter kaufte, sie könne die fünfunddreißig Pence Wechselgeld behalten.

Wohlgemerkt, mich in meiner Stadt zu engagieren wäre sowieso nie infrage gekommen. Neben dem Anblick eines Markttages bei uns sähe Hieronymus Bosch wie Beatrix Potter aus. Diese humpelnden, brueghelschen Wasserspeierfratzen werden keine fünfunddreißig Pence aus mir herausquetschen.

Übrigens, nach dem oben beschriebenen Vorfall nutzte ich später am Nachmittag die Gelegenheit, der Gruppe gegenüber behutsam die Sorge zu äußern, die Leute könnten vielleicht mit ihren Gebetsanliegen nicht so offen und verwundbar sein, wie wir es hofften und erwarteten. Schließlich, sagte ich freundlich, aber bestimmt, hatte jeder von uns sich damit einverstanden erklärt, dass wir nichts zurückhalten würden, und als Brüder im Glauben müssten wir versuchen, uns gegenseitig nicht zu enttäuschen.

Meine kleine Ansprache hatte eine erstaunliche Wirkung. Norman Buddley sagte, meine Offenheit, mit der ich um Gebet für mein Spendendilemma gebeten hatte, habe ihn sehr inspiriert, und fuhr dann fort, indem er etwas so überwältigend Unerfreuliches und Abscheuliches bekannte, dass es mir um ein Haar den Appetit aufs Abendessen verdorben hätte, wenn nicht die Tatsache wäre, dass nichts mir den Appetit aufs Abendessen verdirbt.

Ich hoffe, das hilft Ihnen weiter.

Peter Caws

Sehr geehrter Herr Professor,
seit meiner Abschlussprüfung in Great Malvern vor zwei Jahren war ich allgemein recht zufrieden mit meinen Fortschritten als Gemeindelebenskünstler im Feldein-

satz, außer im Bereich des spontanen Gebets. Zurzeit stehe ich in der Gefahr, wortkarg und, so unerhört es klingen mag, aufrichtig zu werden, wann immer ich eine Versammlung besuche. Könnten Sie ein Thema oder eine Liste von Themen vorschlagen, die in diesem Zusammenhang angebracht wären?

Jack aus Herts

Lieber Jack,
ich kann Ihnen mit absoluter Zuverlässigkeit sagen, dass es, so wie kirchliche Gemeinschaften nun einmal sind, so gut wie kein Thema unter der Sonne gibt, das sich nicht als Basis für das spontane Gebet eignen würde. Für kurze Zeit gehörte ich einer Hausgemeinde in der Nähe von Bexley Heath an, die zufällig auch Charlie Peach besuchte, mein alter Zimmergenosse aus unserer Zeit in Frome. Da wir nun beide in demselben Bibelkreis gelandet waren, amüsierten Charlie und ich uns manchmal damit, ein heimliches Spielchen zu spielen, wenn die Gebetszeit kam. Dies bestand darin, dass wir Zettel austauschten, auf denen wir »herausfordernde« Themen fürs Gebet notiert hatten. Nur selten scheiterte einer von uns an diesen Herausforderungen. Gemeinsam handelten wir im Lauf etwa eines Jahres erfolgreich so vielfältige Themen ab wie Curry, Wolkenformationen, Elefanten, Charles Dickens, Isotope, Personalpronomen und den Fußballverein von Gillingham.

Ich dachte schon, ich hätte Charlie endlich ins Straucheln gebracht, als ich ihm ein Blatt aus meinem Notizbuch zusteckte, auf dem ich »gekrümmte spiegelnde Flächen« notiert hatte. Wie man sich doch irren kann! Ich hätte nie an der Stärke und dem Einfallsreichtum eines so gewieften Gemeindelebenskünstlers zweifeln sollen. Charlie trug sein Gebet über dieses Thema mit einer völlig überzeugenden und vorzüglich dosierten Mischung aus Schmalzigkeit und hektischer, monotoner Intensität vor. Mag sein, dass die anderen einen etwas verdutzten Eindruck machten, als er begann, doch schon binnen Kurzem folgten sie ihm auf Schritt und Tritt. Sein Gebet lautete so:

»Herr, wir danken dir für gekrümmte spiegelnde Flächen. Wir danken dir für diese Flächen, und Herr, wir wissen, Herr, dass sie gekrümmt sind. Herr, sie sind spiegelnd. Wir danken dir, Herr, dass jene Flächen nicht flach sind und dass sie nicht die Art von Flächen sind, Herr, die nicht spiegeln. Sie spiegeln, Herr, und dennoch, Herr, Herr, ist diese Spiegelung wegen der Krümmung verzerrt. Herr, wir wissen aber, dass unsere Spiegelung in dir, Herr, nicht verzerrt ist, Herr. Danke für diese Klarheit, Herr, Herr, für diese Deutlichkeit. Herr, du bist nicht jene gekrümmte spiegelnde Fläche, die uns nicht auf klare Weise widerspiegelt, Herr, und wir danken dir, Herr, dass wir von jenen gekrümmten spiegelnden Flächen lernen können, Herr, die du uns in den Weg gestellt hast. Herr, lass uns das verstehen und erkennen, Herr, diese Deutlichkeit, Herr, diese Klarheit unserer Spiegelung in dir, Herr. Herr, segne alle Flächen, die zu unserem Nutzen gekrümmt sind und spiegeln, Herr, wir beten in deinem Namen.«

Also nur Mut, Jack. Warum fangen Sie nicht mit etwas Einfachem wie Klettverschlüssen oder dem Trafalgar Square an und arbeiten sich von dort aus weiter hoch? Viel Glück!

Peter Caws

Sehr geehrter Herr Professor,
ich gehöre zu einem christlichen Literaturkreis in meiner Gemeinde. Einmal im Monat treffen wir uns, um über Bücher zu reden, die Leute nützlich oder hilfreich fürs geistliche Wachstum fanden. Die meisten dieser Bücher haben ebenso viel Schärfe wie ein frischer Marmeladenkreppel. Ich habe aufmerksam nach Gelegenheiten Ausschau gehalten, in dieser Situation Prinzipien der Gemeindelebenskunst anzuwenden, doch bisher habe ich nicht mehr erreichen können als eine leichte Verstimmung angesichts meiner Äußerung, kleine Kinder sollten vor Kontakten mit Leuten geschützt werden, die die Harry-Potter-Bücher missbilligen. Haben Sie Anregungen für weitere Manöver?

Marion aus Wigan

Liebe Marion,
nach Rücksprache mit anderen, die mit diesem Arbeitsbereich besser vertraut sind, hat sich die eine oder andere Idee ergeben, die sich vielleicht auszuprobieren lohnt. Beachten Sie jedoch bitte, dass die Anwendung des Manövers 1 die Anwendung der Manöver 2 und 3 ausschließt.

1. Nehmen Sie eine voluminöse Bibel mit zum Treffen, heben Sie sie an einer Stelle, wo man sich soeben

noch angeregt über rein säkulare Literatur unterhalten hat, hoch über Ihren Kopf und sagen Sie mit dem hallenden Ton eines Menschen, der den Klang der Posaune gehört hat und nötigenfalls allein hinter der Fahne hermarschieren wird: »Würde mir vielleicht jemand einmal klar und ohne jede Ambivalenz[41] auch nur einen guten, soliden Grund nennen, warum wir uns mit irgendeinem anderen Buch als diesem hier abgeben sollten?«

2. Behaupten Sie tollkühn, ein Buch wie *Das Schweigen der Lämmer* sei ein geistlicheres Werk als alles, was man in christlichen Buchhandlungen finde, da es von der Auflösung eines menschlichen Lebens, krassen Gegensätzen von Gut und Böse und der Macht und Relevanz persönlicher Moral handle. Fragen Sie die anderen Mitglieder der Gruppe, ob sie sich wirklich wie Jesus mit der wirklichen Welt auseinandersetzen oder sich einfach nur im christlichen Getto verstecken und sich weigern wollen, ihren Blick zu heben und über den schlaffen und bedeutungslosen Schund hinauszusehen, der ihnen nur ein falsches Sicherheitsgefühl vermittle.

3. Sagen Sie der Gruppe, vielleicht im Anschluss an eine erfolgreiche Ausführung des Manövers 2, Sie hätten ein Erzählwerk entdeckt, das die besten Traditionen der Literatur neu aufleben lasse und das sie bestimmt alle konstruktiv und erbaulich finden würden. Andererseits, so fahren Sie fort, enthalte der Abschnitt, den Sie gleich vorlesen wollten, eine Reihe von Kraftaus-

---

41 Dieses Wort sollten Sie vor Gebrauch unbedingt einüben.

drücken, die sie sicherlich anstößig finden würden und die Sie daher durch Sternchen ersetzt hätten, die jeweils der Buchstabenzahl jedes der anstößigen Wörter entsprächen. Mein guter Freund und Kollege Darley Jameson hat mir freundlicherweise per E-Mail einen nützlichen Buchauszug zugesandt, den er eines Nachmittags im letzten Jahr in einer Gruppe in Whitstable vorgelesen hat, die sich die »Lehrreich-locker-liebenswürdige Literaturstunde« nennt.

»Leck mich am fünf Sternchen!«, rief Russel vor sich hin, als er die Haustür öffnete, um Peers hereinzulassen. »Wieso zum sechs Sternchen habe ich mich je mit diesem zwölf Sternchen kleinen neun Sternchen eingelassen?«

Als sie wenige Sekunden später in dem schmalen Flur standen, starrten die beiden Männer einander einen Moment lang schweigend an. Beide wussten, dass ihre Beziehung nun ihr Ende finden würde.

»Also«, sagte Russel endlich in einem harten, kalten Tonfall. »Einem blöden zehn Sternchen wie dir habe ich nur eines zu sagen. Du hast mich neun Sternchen, seit ich das elf Sternchen, neun Sternchen Pech hatte, mich mit dir und deiner ständigen sieben Sternchen einzulassen, du elf Sternchen kleiner Haufen sieben Sternchen. Ich meine, vier Sternchen, Mann! Ich wüsste nicht, warum ich jedes Elf-Sternchen-Problem, das du hast, für dich lösen sollte, du Fünf-Sternchen-Gesichtiger, neun Sternchen zwölf Sternchen! Alles, was du sagst, ist ein Haufen sieben Sternchen, und von jetzt an will ich keine zehn Sternchen mehr damit zu tun haben, du zwölf

Sternchen, neun Sternchen neun Sternchen von einem elf Sternchen kleinen fünfzehn Sternchen. Hast du das kapiert, verdammte sieben Sternchen? Und jetzt sieben Sternchen dich!«

Als die Tür ins Schloss knallte, drehte Russel sich um und schaute sein Ebenbild im Flurspiegel an.

»Ach, sieben Sternchen!«, rief er, »er ist wirklich ein mieses neun Sternchen, aber ich hoffe, ich habe das richtig gemacht.«

Viel Erfolg mit diesen Manövern. Tun Sie einfach Ihr zwölf Sternchen Bestes.

Peter Caws

Sehr geehrter Herr Professor,
in meinem Hauskreis ist ein Mann, der mir zu schaffen macht. Er ist ein älterer Herr mit einem vollen Schopf wohlfrisierter weißer Haare, auffällig symmetrischen Socken und einer beunruhigenden Mischung aus Liebenswürdigkeit und weiser Autorität. Neuerdings setzt er sich hinterher beim Kaffee immer zu mir. Er fixiert mich und fragt mich, wie es denn »um die geistliche Seite« stehe. Ich komme mir dabei vor wie eine Motte, die mit einer Nadel auf ein Stück Pappe geheftet wird, und weiß nie, was ich dazu sagen soll. Meine große Angst ist, ich könnte mich zu einem scheußlich aufrichtigen Ausdruck meiner Gefühle hinreißen lassen, was, wie ich kaum hinzufügen muss, wohl der Gipfel einer sehr unangenehmen Situation für einen gewissenhaften Gemeindelebenskünstler wie mich bedeuten würde. Haben Sie dazu Anregungen?

Earl aus Northampton

Lieber Earl (ich gehe davon aus, dass Sie Earl heißen und in Northampton wohnen, nicht ein Aristokrat, der seinen Sitz in den Midlands hat),

ich bin einmal in genau dieselbe Situation geraten wie Sie, und zwar mit einem Mann (sein Name war Denis), der dem von Ihnen beschriebenen so auffällig ähnlich war, dass ich mich frage, ob es vielleicht irgendwo ein Institut gibt, das sich darauf spezialisiert hat, weißhaarige, weise Menschen dieser Art hervorzubringen. Das Manöver, das ich anwendete, nahm einen höchst zufrieden stellenden Verlauf, aber ich sollte betonen, dass es dabei unerlässlich ist, sich innerlich im Tempo zu zügeln. Es darf nicht panisch wirken. Jeder Weisheit muss mit einer (scheinbar) noch größeren Weisheit begegnet werden.

DENIS: (*scheint tief in meine Seele zu blicken*) Nun, Peter, mein Lieber, wie läuft es bei Ihnen – glaubensmäßig, meine ich?

ICH: (*langsam und bedeutungsschwer, nach einer langen Pause, während der ich ebenso tief in seine Seele zu blicken scheine*) Denis, haben Sie je daran gedacht, sich zum Seelsorger schulen zu lassen?

DENIS: Äh, nun ja ...

ICH: Ich glaube, das sollten Sie. Ich bin im tiefsten Herzen davon überzeugt, dass Sie das sollten!

DENIS: Darüber habe ich noch nie nachgedacht.

ICH: Sie haben eine Gabe, Denis. (*Ich stochere mit einem Finger in Richtung seiner Augen in der Luft herum.*) Sie schauen in die Leute hinein. Sie blicken in ihre Seelen. Sie sind begabt. Bringen Sie Ihre Gabe zur Entfaltung.

DENIS: Meine Gabe.

ICH: Ja. Bringen Sie sie zur Entfaltung. Darf ich Ihnen etwas sagen, Denis?

DENIS: Äh, ja, natürlich ...

ICH: Was ich heute Abend in Ihnen sehe, Denis, bestätigt mir etwas, was ich schon seit einiger Zeit spüre und empfinde.

DENIS: Tatsächlich?

ICH: (*mit Unterstützung anschaulicher Gesten*) Nehmen Sie Ihre Gabe in beide Hände, Denis. Halten Sie sie liebevoll wie ein hilfloses, durchnässtes kleines Vogelbaby. Füttern Sie sie und päppeln Sie sie auf. Eines Tages wird sie zu einem herrlichen Vogel heranwachsen, und dann (*ich verschränke meine Daumen und mache eine Flatterbewegung mit den Händen*) wird sie fliegen. Geben Sie Ihrer Begabung Flügel, Denis. (*Erhebe mich zu gehen, sanft nickend und heiter lächelnd, als wäre ein göttlicher Plan endlich verwirklicht.*) Gott segne Sie, Denis, in allem, was Sie tun, mein Freund.

DENIS: Äh, schön, ja. Danke ...

Damit hatte Denis mich zum letzten Mal fixiert. Er schien sogar dem Kontakt mit mir von jenem Abend an aus dem Weg zu gehen. Ich glaube, er fühlte sich vielleicht ein wenig schuldig, weil er seine Gabe nicht zur Entfaltung brachte. Sicher kann ich das jedoch nicht wissen, weil ich sehr wenig Einblick in solche Dinge habe. Viel Glück mit Ihrem Weißhaarigen, Earl. Mögen etwas asymmetrische Socken Ihre Bemühungen krönen.

Peter Caws

Sehr geehrter Herr Professor,
mir ist bewusst, dass fähige Studenten und Ausübende der Gemeindelebenskunst anderen niemals mit offener Aggression oder Feindseligkeit begegnen werden (es sei denn natürlich, es gäbe einen sehr guten taktischen Grund dafür). Können Sie vielleicht ein Manöver vorschlagen oder beschreiben, das es erlaubt, Beleidigungen mit ausgesuchter Höflichkeit an den Mann zu bringen, insbesondere im Kontext von Debatten und Meinungsverschiedenheiten?

Craig aus Upper Dicker

Lieber Craig,
ich verstehe Ihr Problem, und ich würde Ihnen raten, sich eingehend mit einem Manöver zu beschäftigen, das im letzten Jahr bei unserem jährlichen Wettstreit um den *Goldenen Samthandschuh* den ersten Preis gewonnen hat. Entwickelt und verfeinert von einem Mann mit dem großartigen Namen Hamlet Gunnel aus Ipswich, trägt es den bezeichnenden Titel *Die Kunst der aggressiven Entschuldigung*. Wie der große Darley Jameson so prägnant in seinem Hauptreferat auf unserer internationalen Konferenz vor zwei Monaten sagte:

»Wenn in irgendeiner Art von Debatte jemand seinem Argument eine Entschuldigung voranstellt, können Sie zuversichtlich davon ausgehen, dass Sie es mit einem bewussten oder unbewussten Gemeindelebenskünstler zu tun haben. Seien Sie darauf gefasst, im besten Falle manipuliert und im schlimmsten Falle beleidigt zu werden.«

Mit dieser Aussage trifft Jameson natürlich voll ins Schwarze, und es ist unerlässlich, dass eifrige Gemeindelebenskünstler und -künstlerinnen sich sowohl gegen diese unschätzbar wertvolle Waffe in ihren vielen Erscheinungsformen wappnen als auch sie ihrem eigenen Rüstzeug einverleiben. Die Fähigkeit, andere unter Verwendung ausgesucht freundlicher Worte zu beleidigen, gehört zum innersten Herzen von allem, was wir tun. Beispiele für aggressive Entschuldigungen, die Hamlet Gunnel in seinem preisgekrönten Manöver vorschlug, finden Sie unten in häufig anzutreffenden Situationen aufgelistet, jeweils ergänzt durch die wirkliche Bedeutung des Satzes (*die vollständige Liste ist erhältlich beim Institut für Gemeindelebenskunst zum Preis von drei Pfund einschließlich Porto und Verpackung*).

a. Es tut mir leid, aber ich sehe einfach keinen Weg, dem, was Sie sagen, zuzustimmen.
   Es tut mir nicht leid, und Sie sind ein Idiot.

b. Verzeihen Sie, aber ich habe Mühe, diese Sichtweise zu akzeptieren.
   Ihre Verzeihung ist das Letzte, was ich will, insbesondere angesichts der Tatsache, dass ich nichts falsch gemacht habe und Sie ein Idiot sind.

c. Bitte um Nachsicht, aber ich kann Ihnen da nicht ganz folgen.
   Was mir dagegen vollkommen klar ist, ist die blendend offensichtliche Tatsache, dass Sie ein Idiot sind.

d. Bei allem schuldigen Respekt, es gelingt mir nicht, die Berechtigung dieser Denkweise einzusehen.
   In Ihrem Fall beläuft sich die Summe allen schuldigen

Respekts auf – warten Sie – null, da Sie sich irren und ein
Idiot sind.

e. Helfen Sie mir bitte, die Richtung zu verstehen, aus
    der Sie zu diesem Schluss gekommen sind.[42]
    Sie sind ein fliegenhirniger, vernagelter Idiot.

Ich hoffe sehr, dass Sie Hamlets vollständige Liste mit
der dazugehörigen Anleitung erwerben werden und dass
dies Sie in die Lage versetzen wird, Ihrer fundamentalen und notwendigen Unverschämtheit eine nützliche
Dimension der Herzlichkeit und Höflichkeit hinzuzufügen.

Peter Caws

---

42 Hamlet hat mich gebeten deutlich zu machen, dass er für diese schöne
    Ergänzung zu seiner Liste tief in der Schuld von P. MacCusker aus
    Colorado Springs steht, zumal sie eine so meisterhaft verborgene
    Schicht der *Kunst der falschen Demut* enthält, eines Manövers, das in den
    letzten Jahren an MacCuskers Arbeitsplatz viel Furore gemacht hat,
    einer christlichen Einrichtung, erbaut auf einem Felsvorsprung ober-
    halb der Stadt, in einer Gegend, die von den Einheimischen »Moral
    Heights« genannt wird.

STIMMEN ZUM BUCH
»HEILIGER SCHEIN«

Ein Buch wird kommen aus dem Süden,
Tausende werden schmunzeln und sich vom Silber trennen,
vertrieben wird die Langeweile, der triste Tyrann,
all werden es lesen und zufrieden sein.

Nostradamus

Ich bedaure aufrichtig, dass ich nicht mehr
am Leben sein werde,
wenn dieses Buch erscheint.

Charles Dickens

Brillant! Einfach brillant!

Gott

Immer mit der Ruhe …
Der Rest der Trinität

VERLAG + MEDIEN